Ab 7. Schuljahr

Friedhelm Heitmann

Entwicklungen im Verkehrswesen

Auswirkungen, Probleme & Maßnahmen

Klar strukturierte Arbeitsblätter für einen informativen Überblick

www.kohlverlag.de

Entwicklungen Verkehrswesens

Auswirkungen, Probleme & Maßnahmen

1. Auflage 2024

Inhalt: Friedhelm Heitmann
Coverbild: © Alex Marc Wagner, Masyanya, Kletr, murmakova - AdobeStock.com
Redaktion: Kohl-Verlag
Grafi k & Satz: Kohl-Verlag
Druck: Druckerei Flock, Köln

Bestell-Nr. 13 085

ISBN: 978-3-98841-159-4

Bildquellen © AdobeStock.com:

S.2: Africa Studio; S. 4: HTGanzo; S. 5: Foxstudio, TA_Studio; S. 6: enanuchit; S. 8: ac2000, Acronym, fotoyou, Jelena Stanojkovic, Lazy_Bear, HildaWeges, Patrick Rolands, snapshotfreddy, Markus Mainka, Michael Rosskothen; S. 9: moofushi, filmbildfabrik, Marco, Kavalenkava, VanderWolf Images, VIAR PRO studio, Frankix, adcdsb, Arcansél, Dusko; S. 10: Zaharia Levy.; S. 11: mastclick; S. 12: yarohork; S. 13: Marina; S. 14: J J Osuna Caballero; S. 15: Franz Gerhard; S. 16: diegograndi; S. 17: Arcansél; S. 19: hodagmedia; S. 20: scusi; S. 21: Jer, FM2; S. 22: Orxan, ironstuffy; S. 23: Quistnix, Achim Wagner; S. 25: acrogame, piyapong01; S. 28: Agustin; S. 29: Günter Menzl, lesniewski; S. 30: Artalis-Kartographie; S. 31: pb press; S. 32: leremy; S. 33: Marina Tab; S. 34: tynyuk; S. 36: Светлана Тырышкина; S. 37: Matthias Stolt, PropCop Effects; S. 38: benjaminnolte; S. 39: Brigitte; S. 41: Thares2020; S. 43: Doloves; S. 45: VectorMine; S. 50: DimaBerlin, rh2010; S. 51: Mike Mareen; S. 53: David Fuentes; S. 54: Tomasz; S. 55: Irina; S. 56: Sebastian;

Wikipedia: S. 19; S. 52: Mediatus; S. 57;

Der vorliegende Band ist eine Print-Einzellizenz

Sie wollen unsere Kopiervorlagen auch digital nutzen? Kein Problem – fast das gesamte KOHL-Sortiment ist auch sofort als PDF-Download erhältlich! Wir haben verschiedene Lizenzmodelle zur Auswahl:

	Print-Version	PDF-Einzellizenz	PDF-Schullizenz	Kombipaket Print & PDF-Einzellizenz	Kombipaket Print & PDF-Schullizenz
Unbefristete Nutzung der Materialien	x	x	x	x	x
Vervielfältigung, Weitergabe und Einsatz der Materialien im eigenen Unterricht	x	x	x	x	x
Nutzung der Materialien durch alle Lehrkräfte des Kollegiums an der lizenzierten Schule			x		x
Einstellen des Materials im Intranet oder Schulserver der Institution			x		x

Die erweiterten Lizenzmodelle zu diesem Titel sind jederzeit im Online-Shop unter www.kohlverlag.de erhältlich.

Inhalt

Vorwort

Liebe Kolleginnen, liebe Kollegen,

der dargebotene Band setzt sich mit dem Verkehrswesen auseinander – einem Themenbereich, der alltagsbezogen und bildungsbedeutsam ist, aber häufig in Schulen zu kurz kommt. Mit der Behandlung des Themas Verkehrserziehung in unteren Klassenstufen allein ist es nicht getan.

Bestimmt ist das vorliegende Werk für den Einsatz in der Sekundarstufe I – und zwar überwiegend in deren höheren Klassenstufen. Das Werk thematisiert diverse Aspekte des Verkehrswesens. Dargestellt wird der Werdegang des Verkehrs im Laufe der Zeit. Im Weiteren geht es im Band hauptsächlich um die gegenwärtige Situation des Verkehrs. Aufgezeigt werden Folgen, Probleme sowie Maßnahmen im immer mehr gewachsenen Verkehrssektor. Eingegangen wird u. a. auf negative Auswirkungen des Verkehrs auf das Klima. Ferner befasst sich der Band mit der Verkehrswende. Zum Schluss erfolgt ein (kurzer) Blick in die Zukunft des Verkehrs (= Vision).

Insgesamt hält der Band zahlreiche Informations- und Arbeitsblätter mit vielfältigen Arbeitsaufgaben bereit. Den Lehrkräften bleibt es überlassen, welche angebotenen Materialien sie in den Unterricht aufnehmen.

Sollten Sie im Band Fehler bemerken, so sei im Voraus für Hinweise darauf gedankt, auch für sonstige Verbesserungsvorschläge zum vorliegenden Werk. Bei der Verwendung von Materialien des Werkes im Unterricht wünschen Ihnen viele Erfolge das Team des Kohl-Verlags und

Friedhelm Heitmann

Übrigens:
„Es ist keine Schande nichts zu wissen, wohl aber nichts lernen zu wollen."

Zitat von Platon, ≈ 428 bis ≈ 348 v. Chr., griechischer Philosoph

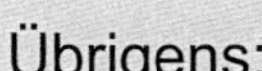

1 Einführung in den Themenbereich Verkehrswesen (Blatt 1)

Aufgaben 1: **a)** *Woran denkst du (sogleich), wenn du den Begriff Verkehrswesen liest oder hörst?*

b) *Zahlreiche zusammengesetzte Wörter gibt es, die mit den beiden Vorsilben*

Verkehrs *...*

beginnen, zum Beispiel Verkehrsordnung. Welche weiteren Wörter beginnend mit Verkehrs ... fallen dir ein?

c) *Hältst du es für wichtig, dass das Thema Verkehrswesen im Unterricht behandelt wird? Begründe deine Meinung.*

KOHL VERLAG Lernen mit Erfolg Entwicklungen im Verkehrswesen – Bestell-Nr. 13 085

Einführung in den Themenbereich Verkehrswesen (Blatt 2)

Aufgaben 2: *Setze die folgenden 10 Wörter in den anschließenden 10 Sätzen an der jeweils richtigen Stelle ein:*

Erfindungen – Fernverkehr – Fortbewegung – Güterverkehr – öffentlichen – Personen – Probleme – Verkehr – Verkehrsmitteln – Verkehrswegen

a) *Das Verkehrswesen umfasst die Beförderung und den Transport von ____________________, Gütern, Energie sowie Nachrichten.*

b) *Auch die eigene ____________________ der Menschen (z. B. von Ort zu Ort) gehört zum Verkehrswesen.*

c) *Anstelle des Begriffs Verkehrswesen wird häufig kurzum das Wort ________________ gebraucht.*

d) *Der Verkehr erfolgt durch Benutzung von ____________________ wie Eisenbahn, Auto, Lastkraftwagen, Fahrrad, Schiff, Flugzeug …*

e) *Zu den ____________________ zählen Straßen, Schienenstrecken, Flüsse, Kanäle, Pipelines …*

f) *Unterschieden wird grob zwischen dem Personenverkehr, ________________ und Nachrichtenverkehr.*

g) *Ebenfalls differenziert wird zwischen dem privaten (≈ individuellen) und dem ____________________ Verkehr.*

h) *Je nachdem ob die Zielorte des Verkehrs in der Nähe oder weit(er) entfernt liegen, trennt man zwischen dem Nahverkehr sowie ____________________.*

i) *Die Entwicklung des Verkehrswesens stand und steht in einem engen Zusammenhang mit ____________________ neuer technischer Verkehrsmittel.*

j) *Im Laufe der Zeit hat weltweit der Verkehr enorm zugenommen und Fortschritte bewirkt, aber auch ____________________ geschaffen.*

KOHL VERLAG Entwicklungen im Verkehrswesen – Bestell-Nr. 13 085

2 Verkehrsmittel von A … bis Z …

(Blatt 1)

Aufgaben:

a) *Erkenne auf Blatt 2 und 3 die Verkehrsmittel mit den entsprechenden Anfangsbuchstaben im Kreuzworträtsel, schreibe jeweils den Namen rechts neben das Bild und direkt in das Kreuzworträtsel.*

b) *Zu wie vielen Anfangsbuchstaben kannst du weitere Verkehrsmittel links in die Tabelle eintragen?*

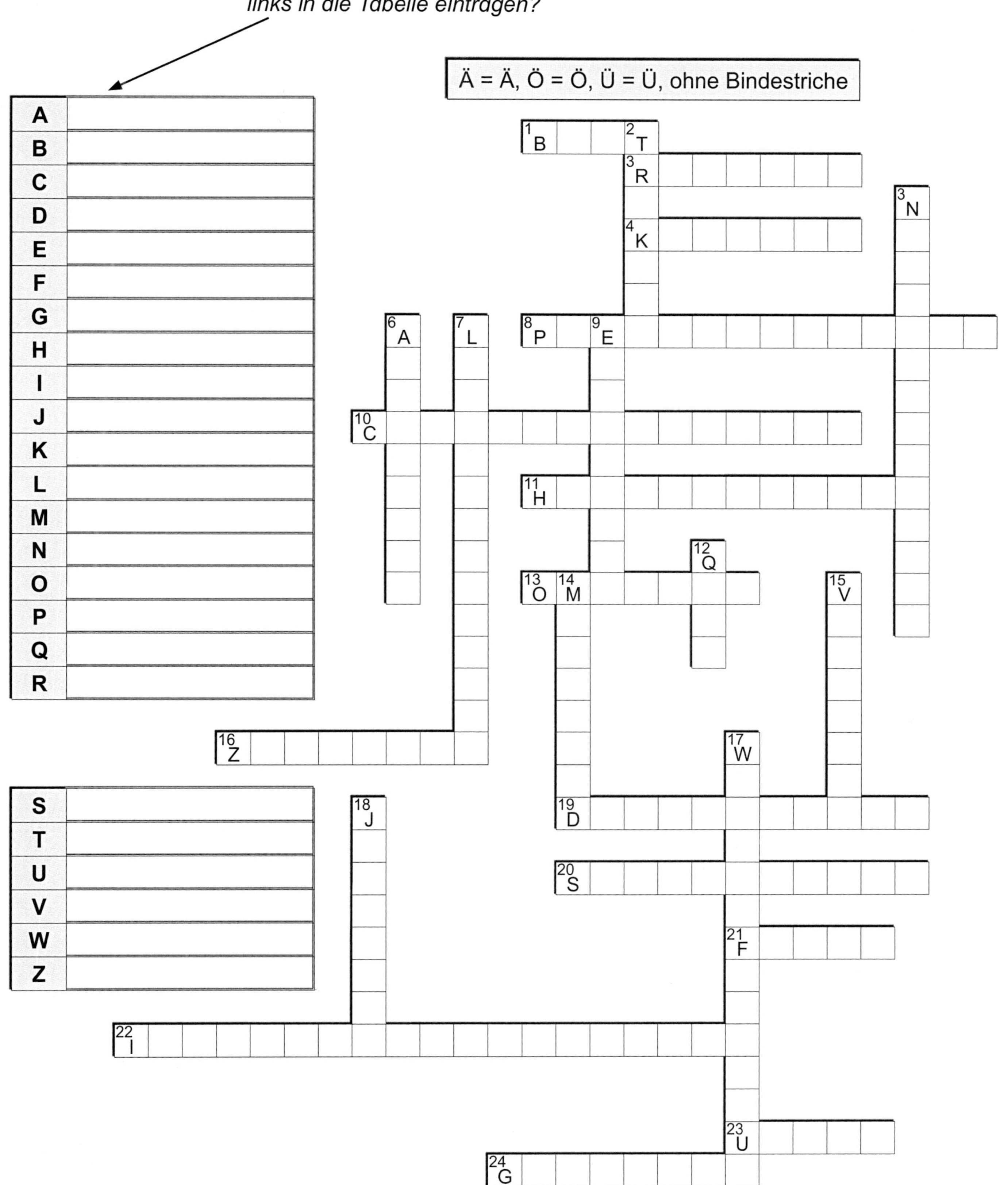

A	
B	
C	
D	
E	
F	
G	
H	
I	
J	
K	
L	
M	
N	
O	
P	
Q	
R	
S	
T	
U	
V	
W	
Z	

Entwicklungen im Verkehrswesen – Bestell-Nr. 13 085
KOHL VERLAG

2 Verkehrsmittel von A … bis Z …

(Blatt 2)

KOHL VERLAG Entwicklungen im Verkehrswesen – Bestell-Nr. 13 085

2 Verkehrsmittel von A ... bis Z ... (Blatt 3)

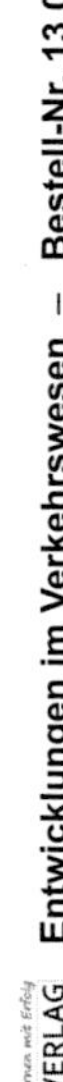
KOHL VERLAG Entwicklungen im Verkehrswesen – Bestell-Nr. 13 085

3 Benutzung von Verkehrsmitteln

Aufgaben: **a)** *Welche Verkehrsmittel hast du bisher in deinem Leben benutzt?*

b) *Etwa wie häufig (oft oder selten) und wozu hast du das jeweilige Verkehrsmittel benutzt?*

c) *Welche weiteren Verkehrsmittel möchtest du zukünftig gern benutzen? Begründe.*

d) *Was hältst du davon, mit dem Fahrrad zu fahren oder zu Fuß zu gehen? Begründe.*

KOHL VERLAG Entwicklungen im Verkehrswesen – Bestell-Nr. 13 085

4 Entstehung und Entwicklung des Verkehrswesens in der Ur- und Frühgeschichte sowie im Altertum

Das Verkehrswesen entstand und entwickelte sich sehr langsam, erst allmählich. In der Ur- und Frühgeschichte waren die Menschen allein darauf angewiesen, sich selbst zu Fuß fortzubewegen. Dies taten sie, um zu jagen, sonstige Nahrung zu besorgen, neue Rastplätze bzw. Siedlungsplätze zu finden …

Menschen lernten in der Steinzeit, aus Holz Boote (Einbäume …) sowie Flöße zu bauen und als Verkehrsmittel zu nutzen.

Später bewirkte die Erfindung des Rades die Herstellung von Karren, Wagen, ja Fuhrwerken. Angenommen wird, dass das Rad im 4. Jahrtausend v. Chr. im Orient erfunden worden ist. Als Zugtiere der Wagen und Fuhrwerke dienten vor allem Pferde, Esel und Ochsen.

Im Altertum (ab vor ca. 3500 v. Chr.) weitete sich der Verkehr mehr und mehr aus. Die Römer errichteten in ihrem großen Reich ein überregionales Verkehrsnetz mit befestigten Straßen. Um das Jahr 100 n. Chr. soll das überregionale Verkehrsnetz ca. 65.000 km befestigte Straßen umfasst haben. Übrigens: Aus der lateinischen Sprache der Römer stammt das Wort Straße[1].

Auf dem Wasser entwickelte sich der Schiffsverkehr zuerst auf Binnengewässern, an Küsten (= Küstenschifffahrt), später zudem auf Meeren. Ruderschiffe entstanden als Handelsschiffe, aber auch als Kriegsschiffe. Ägypter bauten bereits um etwa 3000 v. Chr. Segelschiffe; in Mesopotamien gab es Segelschiffe möglicherweise sogar schon früher.

Aufgabe: *Was kannst du nun zur Entstehung und Entwicklung des Verkehrswesens in der Ur-, Frühgeschichte sowie im Altertum sagen? Verfasse schriftlich eigene Sätze.*

[1] *strata (lat.) = gepflasterte Straße*

5 Das Verkehrswesen in Mitteleuropa im Mittelalter

Aufgaben: **a)** *Verbinde jeweils per Linie und gib durch Nennen derselben Nummer an, welcher Satzanfang und welches Satzende zusammengehören. Die Buchstaben daneben ergeben geordnet das Lösungswort.*

Nr.	Satzanfänge
1	Im Frühen Mittelalter (ca. 500-1000 n. Chr.) gab es in
2	Der Verkehr fand in der Regel (nur)
3	Ab dem Hohen Mittelalter (ca. 1000-1250 n. Chr.)
4	Zur Gründung neuer Städte und Dörfer kam
5	(Weitere) Handels-, Heeres- sowie
6	Bei diesen Straßen handelte es sich aber nicht um
7	Alte befestigte Römerstraßen waren
8	Manche Städte entwickelten sich im Späten Mittelalter
9	Aus der Kaufmannshanse ging die Städtehanse hervor,
10	Der zunehmende Handel trug dazu bei, dass sich Mitte des

Nr.		Satzenden
	E	wuchs die Bevölkerung in Mitteleuropa.
	T	inzwischen meistens verfallen.
	L	es, der Verkehr nahm zu.
	A	befestigte, gepflasterte Straßen, sondern eher um Wege.
	H	14. Jahrhunderts auch in Mitteleuropa die Infektionskrankheit Pest verbreitete.
	V	Mitteleuropa noch relativ wenig Verkehr.
	C	sie erlebte ihre „Blütezeit" im Späten Mittelalter.
	I	jeweils lokal oder allenfalls regional statt.
	S	(ca. 1250-1450/1500 n. Chr.) zu Verkehrsknotenpunkten.
	M	Pilgerstraßen entstanden und wurden genutzt.

Lösungswort: ___ ___ ___ ___ ___ ___ ___ ___ ___ ___

b) *Schreibe jetzt die 10 Sätze in der vorgegebenen Reihenfolge vollständig auf ein Extrablatt.*

KOHL VERLAG Entwicklungen im Verkehrswesen – Bestell-Nr. 13 085

6 Zum Verkehrswesen in der Frühen Neuzeit (ca. 1500-1800)

So manche Fernhandelswege bestanden in Europa schon seit früheren Zeiten. Von Europa aus erstreckten sich auf dem Land sogar Fernhandelswege bis nach China („Seidenstraße") und nach Indien. Aber ab Beginn der Frühen Neuzeit weitete sich das Netz des Fernhandelsverkehrs immer weiter aus. 1492 hatte Kolumbus mit Schiffen Amerika entdeckt, 1497/1498 hatte Vasco da Gama den Seeweg um die Südspitze Afrikas herum nach Indien gefunden. Als Folge gewann die Schifffahrt zunehmend größere Bedeutung. Neue, schnellere, größere, seetüchtige Schiffstypen wurden gebaut und eingesetzt. Europäische Seemächte (Spanien, Portugal, England, Frankreich, Niederlande ...) nahmen außerhalb von Europa mehr und mehr Gebiete in Besitz (= Kolonialismus) und gingen dazu über, diese auszubeuten.

Beim Landverkehr in Europa waren und blieben Fuhrwerke – hauptsächlich gezogen von Pferden, Ochsen bzw. Eseln – das dominierende Verkehrsmittel. Eine Neuerung im Landverkehr waren Kutschen (= gefederte und mit einem Verdeck ausgestattete Fuhrwerke). Unter anderem verkehrten Postkutschen. Übrigens: Das Wort Kutsche ist abgeleitet vom Namen des ungarischen Dorfes Kocz, wo u. a. Kutschen geplant und hergestellt wurden. Insgesamt gesehen verdichtete sich das Verkehrsnetz in etlichen Gebieten Europas (u. a. in Mitteleuropa) auch lokal sowie regional, jedoch überhaupt nicht vergleichbar mit heutigen Zeiten. In der Frühen Neuzeit wurde der Handels- und Reiseverkehr jedoch oftmals durch Kriege beeinträchtigt oder sogar längere Zeit unterbrochen, in Mitteleuropa vor allem durch den von 1618 bis 1648 dauernden Dreißigjährigen Krieg.

Aufgabe: *Überlege dir 6 Fragen zum vorherigen Text und notiere sie auf diesem Blatt. Gib dann das Blatt einem Mitschüler zur schriftlichen Beantwortung deiner Fragen. Du erhältst ein Blatt vom Mitschüler mit dessen 6 Fragen, die du ebenfalls schriftlich beantworten musst. Die Fragen sind auf einem Extrablatt zu beantworten.*

Alternative: Du beantwortest deine 6 Fragen selbst in schriftlicher Form.

Frage 1: ______________________________

____

Frage 2: ______________________________

____

Frage 3: ______________________________

____

Frage 4: ______________________________

____

Frage 5: ______________________________

____

Frage 6: ______________________________

____

KOHL VERLAG Entwicklungen im Verkehrswesen – Bestell-Nr. 13 085

7 Der Beginn der Industriellen Revolution und verkehrstechnische Erfindungen

Die Industrielle Revolution begann um 1770 in England – und zwar ausgelöst durch die Erfindung einer verbesserten Dampfmaschine durch J. Watt. Auch auf das Verkehrswesen wirkte sich die Industrielle Revolution nachhaltig aus. Unter anderem wurden neue Verkehrsmittel erfunden.

In Frankreich entwarf C. F. Jouffroy d'Abbans ein Raddampfschiff, das erstmals 1783 auf dem Fluss Saone unterwegs war. Der US-Amerikaner R. Fulton konstruierte ein Schaufelrad-Dampfschiff. Die Jungfernfahrt dieses Schiffes fand im Jahr 1807 auf dem Hudson River statt. Um 1800 entwickelte der Brite R. Trevithick die erste Dampflokomotive. Sie war jedoch anfällig und nicht genügend leistungsfähig. Von daher ging der Brite G. Stephenson in die Geschichte als Erfinder der leistungsfähigen Dampflokomotive ein. Im Jahr 1814 kam eine von G. Stephenson gebaute Dampflokomotive zum ersten Mal beim Transport von Kohle zum Einsatz. 3 Jahre später stellte der Deutsche K. F. Drais von Sauerbronn öffentlich seine „Laufmaschine" (= Laufrad) vor, den Vorgänger des Fahrrades.

Es dauerte jedoch noch gewisse Zeit, bis sich die angesprochenen Erfindungen im Verkehrswesen durchsetzten.

Aufgabe: *Ergänze die fehlenden Angaben.*

a) *Die Industrielle Revolution fing an im Land* ____________________.

b) *Die verbesserte Dampfmaschine erfand* ____________________.

c) *Die Industrielle Revolution wirkte sich u. a. durch* ____________________

____________________ *auf das Verkehrswesen aus.*

d) *Der Franzose C. F. Jouffroy d'Abbans entwarf* ____________________,

____________________.

e) *Im Jahr 1807 fuhr* ____________________

____________________.

f) *Der Brite R. Trevithick entwickelte um 1800* ____________________,

____________________.

g) *Als Erfinder der ersten leistungsfähigen Dampflokomotive gilt* ____________________

____________________.

h) *Im Jahr 1814 wurde* ____________________

____________________.

i) *Der Deutsche K. F. Drais von Sauerbronn* ____________________.

j) *Das Laufrad war* ____________________.

KOHL VERLAG Entwicklungen im Verkehrswesen – Bestell-Nr. 13 085

8 Schifffahrt im 19. Jahrhundert

Aufgabe: *In jedem der nachfolgenden Sätze fehlt ein Verb. Setze passende Verben ein.*

a) Der Verkehr in der Schifffahrt ______________________________ im Verlauf des 19. Jahrhunderts weiter an.

b) Ab der 1. Hälfte dieses Jahrhunderts ______________________________ nunmehr zunehmend auch Dampfschiffe.

c) Im Jahr 1816 ______________________ erstmals ein Raddampfer den Ärmelkanal.

d) Die erstmalige Überquerung des Atlantischen Ozeans

______________________________ 2 Dampfschiffen 1838.

e) Lange Zeit ____________________

__________________ auf den Meeren (immer noch) die großen Segelschiffe.

f) Sie konnten auf den Meeren schneller ______________________________ und auch mehr Lasten transportieren als herkömmliche Dampfschiffe.

g) Aber nach der Erfindung der Schiffsschraube (1826) __________________________ die Dampfschifffahrt allmählich mehr und mehr an Bedeutung.

h) Wie Propeller ______________________________ die Schiffsschrauben durch schnelle Drehungen die Dampfschiffe an und voran.

i) Ab etwa 1880 ______________________________ man Schiffe (ebenfalls) aus Stahl her und nutzte sie.

j) Gegen Ende des 19. Jahrhunderts ______________________________ als Neuerungen auch der Antrieb von Schiffen mit Dampfturbinen oder Dieselmotoren.

k) Für die Schifffahrt wurden mit sehr großem Aufwand ____________________.

l) Als zwei überaus wichtige Kanäle ___________________________ der Suez-Kanal (Bauzeit 1859-1869) sowie der Nord-Ostsee-Kanal (Bauzeit 1887-1895), der im internationalen Verkehr „Kiel Canal“ heißt.

Lösungshilfe: einsetzbare Verben in alphabetischer Reihenfolge: dominierten – entstanden – erfolgte – fahren – gebaut – gelang – gewann – stellte – stieg – trieben – überquerte – verkehrten

KOHL VERLAG – Entwicklungen im Verkehrswesen – Bestell-Nr. 13 085

9 Schiffsverkehr seit dem Beginn des 20. Jahrhunderts

Etwa ab Beginn des 20. Jahrhunderts ging die Zahl der Großsegelschiffe zurück. Im Gegensatz dazu stellte man nun ganz viele Schiffe aus Stahl und mit Antriebsarten wie Dampfmaschinen, Dampfturbinen, Dieselmotoren oder Gasturbinen … her. Immer größere Handelsschiffe sowie Passagierschiffe entstanden und verkehrten dann auf dem Wasser. In der Seefahrt, bei der Küsten- und Binnenschifffahrt nahm der Verkehr zu.

Im 20. Jahrhundert wurden noch mehr Kanäle gebaut als im 19. Jahrhundert. Zum Beispiel erfolgte im Jahr 1914 die Fertigstellung des bedeutenden Panama-Kanals, der den Atlantischen Ozean mit dem Pazifischen Ozean verbindet. Auch aus militärischen Gründen erlangte die Schifffahrt Wichtigkeit.

Nach dem Zweiten Weltkrieg kamen in der Seefahrt u. a. vermehrt Stückgutfrachtschiffe (kurzum Frachter genannt) zum Einsatz. Ab Ende der 1960er-Jahre ersetzten (riesen)große Containerschiffe die Frachter. Auf den Meeren sind heutzutage u. a. ebenfalls riesige Tankschiffe und Kreuzfahrtschiffe unterwegs …

Aufgabe: *Das merke ich mir zur Entwicklung der Schifffahrt:*

Panama-Kanal

10 Eisenbahn im 19. Jahrhundert (Blatt 1)

Im Jahr 1825 fuhr erstmals ein regulärer Eisenbahnzug auf Schienen. Er verkehrte zwischen den beiden ca. 40 km voneinander entfernt liegenden englischen Städten Stockton und Darlington. Der von einer Dampflokomotive gezogene Zug transportierte Fahrgäste sowie Güter. Wenige Jahre später waren auch Eisenbahnzüge zum ersten Mal in anderen Ländern unterwegs. Im Gebiet des bestehenden Deutschen Bundes fand die erste Fahrt eines mit einer Dampflokomotive vorgespannten Eisenbahnzuges 1835 zwischen den beiden Nachbarstädten Nürnberg und Fürth statt.

Anfangs waren so manche Personen skeptisch gegenüber dem neuen Verkehrsmittel: Kritiker warnten vor gesundheitlichen Schädigungen sowie Unfallgefahren durch Eisenbahnzüge. Doch die Eisenbahnzüge bewährten sich bei der Beförderung von Personen und beim Transport von Waren. Die Geschwindigkeit der Eisenbahnzüge lag weitaus höher als die Geschwindigkeit, mit der meistens von Pferden gezogene Fuhrwerke vorankamen. Im Laufe der Zeit nahm die Fahrgeschwindigkeit der Eisenbahnzüge noch weiter zu.

Aufgabe 1: **a)** *Wann und wo war erstmals ein von einer Dampflokomotive gezogener regulärer Eisenbahnzug unterwegs?*

____

b) *Wann und wo fuhr erstmals ein von einer Dampflokomotive gezogener Eisenbahnzug innerhalb des Deutschen Bundes?*

c) *Wozu dienten Eisenbahnzüge?*

d) *Wovor warnten Kritiker der Eisenbahnzüge?*

e) *Welchen großen Vorteil besaßen Eisenbahnzüge gegenüber den meistens von Pferden gezogenen Fuhrwerken?*

KOHL VERLAG Entwicklungen im Verkehrswesen – Bestell-Nr. 13 085

Eisenbahn im 19. Jahrhundert

__Aufgabe 2__: *Werte die Statistik auf einem Extrablatt aus. Was lässt sich über die Entwicklung des Eisenbahnnetzes 1840-1891 sagen? Was stellst du fest?*

Entwickelung des Eisenbahnnetzes der Erde 1840—1891.

Länder	Betriebs-Eröffn. d. ersten Eisenb.	Länge der im Betrieb befindlichen Eisenbahnen am Schluß des Jahres -											Ende 1891 Bahnlänge auf je	
		1840	1850	1860	1870	1880	1885	1887	1888	1889	1890	1891	100 qkm	10 000 Einw.
Deutschland	1835	549	6 044	11 633	19 575	33 838	37 572	39 785	40 826	41 793	42 869	43 424	8,0	8,7
Österr.-Ungarn m. Bosnien	1828	144	1 579	4 543	9 589	18 512	22 613	24 705	25 767	26 587	27 015	28 066	4,1	6,6
Großbritannien u. Irland	1825	1 348	10 653	16 787	24 999	28 854	30 843	31 501	31 878	32 088	32 297	32 487	10,3	8,0
Frankreich	1828	497	3 083	9 528	17 931	26 189	32 499	34 227	35 258	36 370	36 895	37 946	7,0	9,8
Rußland mit Finnland	1838	26	601	1 589	11 243	23 857	26 847	28 517	29 432	30 159	30 957	31 071	0,6	3,2
Italien	1839	8	427	1 800	6 134	8 715	10 484	11 689	12 351	12 807	12 907	13 186	4,6	4,3
Belgien	1835	336	854	1 729	2 997	4 120	4 409	4 760	4 828	5 088	5 263	5 307	18,0	8,6
Niederlande m. Luxembg.	1839	17	176	335	1 419	2 300	2 800	2 957	3 000	3 014	3 061	3 079	8,7	6,4
Schweiz	1844	—	27	1 096	1 449	2 571	2 854	2 919	2 974	3 104	3 199	3 279	7,9	11,2
Spanien	1848	—	28	1 918	5 475	7 481	8 933	9 422	9 583	9 774	9 878	10 131	2,0	5,8
Portugal	1854	—	—	137	714	1 150	1 529	1 829	1 910	2 060	2 125	2 293	2,5	4,9
Dänemark	1847	—	32	111	764	1 579	1 942	1 965	1 969	1 969	1 986	2 008	5,1	9,2
Norwegen	1854	—	—	68	359	1 059	1 562	1 562	1 562	1 562	1 562	1 562	0,5	7,8
Schweden	1851	—	—	522	1 708	5 906	6 892	7 388	7 527	7 888	8 018	8 279	1,8	17,3
Serbien	1884	—	—	—	—	—	385	517	526	537	540	540	1,1	2,5
Rumänien	1870	—	—	—	245	1 387	1 682	2 405	2 475	2 493	2 543	2 543	1,0	5,0
Griechenland	1860	—	—	—	11	11	323	613	670	706	776	915	1,4	4,2
Türkei, Bulgar., Rumelien	1860	—	—	66	291	1 394	1 394	1 394	1 649	1 690	1 765	1 769	0,6	2,0
Malta, Jersey, Man	—	—	—	—	11	60	102	110	110	110	110	110	—	—
Europa:	1825	2 925	23 504	51 862	104 914	168 983	195 665	208 265	214 295	219 799	223 766	227 995	2,3	6,4
Verein. Staat. v. Nordamer.	1827	4 534	14 515	49 292	85 139	150 717	207 508	241 210	251 292	259 687	268 409	274 497	3,5	43,6
Brit.-Nordamer. (Kanada)	1840	26	114	3 359	4 018	11 087	16 330	19 842	20 442	21 439	22 533	22 928	0,3	47,4
Neufundland	—	—	—	—	—	—	145	145	175	179	179	179	0,2	9,0
Mexiko	1850	—	11	32	349	1 120	5 600	6 609	7 826	8 455	9 718	10 025	0,5	8,4
Mittelamerika	1855	—	—	76	120	210	618	800	858	900	1 000	1 000	0,2	3,2
Kolumbien	1855	—	—	77	103	121	265	287	342	371	380	380	—	1,1
Cuba	1837	194	399	604	604	1 382	1 600	1 600	1 600	1 700	1 731	1 731	1,5	10,6
Venezuela	1866	—	—	—	38	113	154	293	430	709	800	800	0,1	3,4
Dominikan. Republ. (Haïti)	—	—	—	—	—	80	80	115	115	115	115	115	0,2	2,8
Puerto Rico	1855	—	—	18	18	18	18	18	18	18	18	18	0,2	0,2
Brasilien	1854	—	—	129	691	3 200	7 062	8486	8 930	9 300	9 500	9 700	0,1	6,6
Argentinische Republik	1857	—	—	39	732	2 273	4 626	6 446	7 256	8 255	10 244	12 353	0,4	30,4
Paraguay	1865	—	—	—	8	72	72	72	152	203	240	253	0,1	5,5
Uruguay	1869	—	—	—	98	370	500	556	642	757	1 127	1 595	0,9	21,3
Chile	1852	—	—	195	732	1 800	2 100	2 838	2 900	3 100	3 100	3 100	0,4	11,0
Peru	1851	—	—	89	411	1 852	1 309	1 347	1 347	1 600	1 667	1 667	0,1	5,6
Bolivia	1873	—	—	—	—	56	70	70	130	171	209	209	—	1,4
Ecuador	—	—	—	—	—	60	69	151	204	269	300	300	0,1	2,0
Britisch-Guayana	1864	—	—	—	35	35	35	35	35	35	35	35	—	1,2
Jamaica, Barbados, Trinidad, Martinique	1845	—	25	25	43	100	228	429	474	474	474	508	—	—
Amerika:	1827	4 754	15 064	53 935	93 139	174 666	248 389	291 349	305 168	317 737	331 779	341 398	—	—
Britisch-Indien (Ostindien)	1853	—	—	1 350	7 683	14 977	19 308	22 665	23 266	25 488	26 395	27 808	0,6	0,9
Ceylon	1865	—	—	—	118	219	286	291	291	291	308	308	0,5	1,0
Kleinasien (Anatolien)	1860	—	—	43	234	372	372	598	658	720	853	978	—	0,6
Russisches Transkaspien	1880	—	—	—	—	125	500	1 277	1 433	1 433	1 433	1 433	0,3	33,3
Persien	1888	—	—	—	—	—	—	—	18	18	30	54	—	—
Niederländisch-Indien	1867	—	—	—	150	450	926	954	1 230	1 270	1 361	1 541	0,3	0,6
Japan	1872	—	—	—	—	121	559	935	1 460	1 952	2 333	2 747	0,7	0,7
Portugiesisch-Indien	—	—	—	—	—	—	54	54	54	54	54	82	2,2	1,6
Malaiische Staaten	1884	—	—	—	—	—	13	45	60	80	100	140	0,2	2,3
China (Stammland)	1871	—	—	—	—	11	11	45	138	200	200	200	—	—
Kotschinchina, Pondicherri, Tongking	1879	—	—	—	—	12	83	83	83	83	105	105	—	—
Asien:	1853	—	—	1 393	8 185	16 287	22 112	26 947	28 691	31 589	33 172	35 396	—	—
Ägypten	1856	—	—	443	1 056	1 500	1 500	1 500	1 519	1 541	1 547	1 547	0,2	2,3
Algerien und Tunis	1862	—	—	—	517	1 379	2 085	2 476	2 850	3 094	3 105	3 149	0,4	5,6
Kapland	1860	—	—	12	105	1 459	2 573	2 795	2 858	2 873	2 922	3 326	0,6	21,8
Natal	1876	—	—	—	—	158	280	350	376	417	546	550	1,1	10,1
Südafrikanische Republik	1887	—	—	—	—	—	—	81	81	81	120	201	0,1	2,6
Oranjefluß-Republik	1890	—	—	—	—	—	—	—	—	—	237	759	0,6	36,5
Mauritius, Réunion, Senegal, Angola, Mosambik	1862	—	—	—	108	150	650	800	830	860	910	964	—	—
Afrika:	1856	—	—	455	1 786	4 646	7 088	8 002	8 514	8 866	9 387	10 496	—	—
Neuseeland	1863	—	—	—	71	2 072	2 662	2 977	3 007	3 076	3 147	3 232	1,2	51,5
Victoria	1854	—	—	151	443	1 930	2 697	3 137	3 487	3 682	4 325	4 501	2,0	39,5
Neu-Südwales	1855	—	—	113	545	1 368	2 860	3 348	3 548	3 624	3 641	3 641	0,5	32,2
Süd-Australien	1854	—	—	103	306	1 073	1 711	2 340	2 614	2 827	2 854	2 933	0,1	91,7
Queensland	1865	—	—	—	331	1 019	2 308	2 840	3 107	3 320	3 446	3 706	0,2	94,1
Tasmania	1870	—	—	—	69	269	413	512	526	603	643	683	1,0	46,5
West-Australien	1873	—	—	—	—	116	283	389	719	800	825	1 047	—	209,4
Australien:	1854	—	—	367	1 765	7 847	12 934	15 543	17 008	17 932	18 881	19 743	0,2	51,8
Auf der Erde:	1825	7 679	38 568	108 012	209 789	372 429	486 188	550 106	573 676	595 923	616 985	635 023	—	—

Aus: W. Walz: Die Geschichte der Bahn: Erlebnis Eisenbahn; 2. Aufl.; Stuttgart 1983; S. 117

Entwicklungen im Verkehrswesen – Bestell-Nr. 13 085
KOHL VERLAG

11 Weiteres zum Verkehrswesen im 19. Jahrhundert (Blatt 1)

Außer neuen technischen Erfindungen, zunehmenden Ansprüchen von Menschen sowie wirtschaftlichen Interessen trug auch das Bevölkerungswachstum zur Zunahme des Verkehrs bei. Um 1800 lebten etwa 980 Millionen Menschen auf der Erde, 100 Jahre später bereits ca. 1650 Millionen.

Im Jahr 1881 wurde die erste elektrische Straßenbahn der Welt eingeweiht – und zwar in Berlin, entwickelt von Werner von Siemens.1890 ging die erste elektrisch betriebene U-Bahn (= Abkürzung für Untergrund-Bahn) regulär in Betrieb – diesmal in London.

Im Verlauf des 19. Jahrhunderts wurde die „Laufmaschine" (= Laufrad) weiterentwickelt zum Fahrrad. Aber erst ab ungefähr 1890 entwickelten sich Fahrräder zu mehr und mehr öffentlich benutzten Verkehrsmitteln, nachdem sie nun weitaus weniger kosteten als zuvor.

Die Erfindungen des Automobils und des Motorrades Mitte der 80er Jahre des 19. Jahrhunderts ließen schon bald darauf diese Verkehrsmittel auf Wegen und Straßen aufkommen. Wenige Zeit später folgten die ersten erfundenen Lastkraftwagen und Omnibusse. Zunehmend baute man Wege zu Straßen aus, d. h. befestigte sie mit Kopfsteinpflaster.

Aufgabe 1: *Gib einen Kommentar zu den drei Bildern ab.*

a)

Michaux-Rad von 1861

b)

Das Hochrad entstand um 1870.

c)

Bild von 1897, spanischer Maler: Ramon Casas i Carbó

a) ______________________________

____

b) ______________________________

____

c) ______________________________

____

KOHL VERLAG Entwicklungen im Verkehrswesen – Bestell-Nr. 13 085

11 Weiteres zum Verkehrswesen im 19. Jahrhundert (Blatt 2)

Aufgabe 2: **a)** *Kreuze entsprechend an, welche der 10 Sätze richtig und welche falsch sind?*

		Richtig:	Falsch:
1.	Die Industrielle Revolution begann in den USA.		
2.	Die Dampfmaschine wurde eher erfunden als die Dampflokomotive.		
3.	Technische Erfindungen trugen zu Veränderungen des Verkehrswesens bei.		
4.	Die ersten Dampfschiffe waren schneller als große Segelschiffe.		
5.	Der Kaiser-Wilhelm-Kanal (später umbenannt in Nord-Ostsee-Kanal) wurde im Zeitraum 1859-1869 gebaut.		
6.	Im Gebiet des Deutschen Bundes verkehrte der erste von einer Dampflokomotive gezogene Eisenbahnzug zwischen den Städten Nürnberg und Fürth.		
7.	Russland baute im Verlauf des 19. Jahrhunderts in seinem Land das allergrößte Eisenbahnnetz der Welt auf.		
8.	Die erste elektrisch betriebene U-Bahn gab es ab 1890 in Berlin.		
9.	Der Verkehr nahm in der 2. Hälfte des 19. Jahrhunderts weiter zu.		
10.	Die ersten Automobile waren ab den 80er Jahren des 19. Jahrhunderts unterwegs.		

b) *Verbessere schriftlich die falschen Aussagen.*

____

____

____

____

____

____

____

____

____

KOHL VERLAG Entwicklungen im Verkehrswesen – Bestell-Nr. 13 085

12 Straßenverkehr seit Anfang des 20. Jahrhunderts

Mit dem Straßenverkehr ist der öffentliche Verkehr auf Straßen, Wegen sowie Plätzen gemeint. In den ersten beiden Jahrzehnten bildeten noch Fußgänger, Fahrradfahrer und nicht motorisierte Fuhrwerke (Kutschen …) die deutliche Mehrheit im Straßenverkehr.

Im Jahr 1909 erfolgte im Deutschen Reich per Gesetz die Einführung des Führerscheins für Kraftfahrzeuge. Ab der nachfolgenden Zeit kamen im Straßenverkehr immer mehr motorisierte Fahrzeuge (Autos, Motorräder, Lastkraftwagen, Omnibusse …) auf. Der Straßenverkehr stieg an und wurde zudem schneller. Dies machte die Regulierung des Straßenverkehrs durch Verordnungen und Gesetze erforderlich. So wurden u. a. in Deutschland ab Mitte der 20er Jahre Verkehrsampeln aufgestellt. Die erste Autobahn in Deutschland wurde 1932 für den Verkehr freigegeben; es war die Autobahn zwischen Köln und Bonn.

Seit den 50er Jahren nahm der Straßenverkehr u. a. in Deutschland in noch größeren Ausmaßen zu. Davon waren und sind insbesondere städtische Ballungsgebiete betroffen. Die Überlastungen des Straßennetzes, vor allem durch Berufsverkehr und Ausflugsverkehr verursachen immer wieder lange Staus. Motorisierte Fahrzeuge herrschen zahlenmäßig auf vielen Straßen vor. In Deutschland findet der Personenverkehr sowie der Güterverkehr überwiegend auf Straßen und Schienen statt.

Aufgabe: *Nenne schriftlich in Stichwörtern Merkmale des Straßenverkehrs seit Anfang des 20. Jahrhunderts.*

KOHL VERLAG Entwicklungen im Verkehrswesen – Bestell-Nr. 13 085

13 Schienenverkehr seit Beginn des 20. Jahrhunderts

Aufgabe: **a)** *Bringe die 12 ungeordneten Sätze in eine logische Reihenfolge, sodass sich ein sinnvoller, zusammenhängender Text ergibt. Nummeriere die Sätze dementsprechend mit den Zahlen von 1 bis 12.*

	In Deutschland weist Berlin das streckenlängste U-Bahn-Netz auf, in Europa London.
	Elektrisch betriebene Eisenbahnzüge erreichten noch höhere Geschwindigkeiten.
	Dann aber wurden Dampflokomotiven allmählich durch Diesellokomotiven und Triebwagen abgelöst.
	Zum Schienenverkehr zählen vor allem die Eisenbahn, Stadt(schnell)bahn (= S-Bahn), U-Bahn, Straßenbahn …
	Allerdings kam es u. a. bedingt durch die Konkurrenz des zunehmenden Straßenverkehrs (Autos …) zur Stilllegung von so manchen Eisenbahnstrecken, besonders auf dem Land.
	Das Schienenverkehrsnetz wurde erweitert und verdichtet.
	Dadurch verringerte sich auch in Deutschland die Gesamtlänge des Eisenbahnnetzes.
	In der 2. Hälfte des 20. Jahrhunderts elektrifizierte man in den Industriestaaten zahlreiche Eisenbahnstrecken.
	Mit Beginn des 20. Jahrhunderts schritt der Schienenverkehr weiter voran.
	Dagegen wurde in, sowie in der Umgebung von großen Städten das Schienennetz der U-Bahn und Stadtschnellbahn engmaschiger u. a. aufgrund der wachsenden Einwohnerzahl vor Ort.
	Nach dem vorübergehenden Rückgang von Straßenbahnen in den letzten beiden Jahrzehnten des 20. Jahrhunderts nimmt in jüngster Zeit die Anzahl dieses Verkehrsmittels in zahlreichen Städten wieder zu.
	In der 1. Hälfte des 20. Jahrhunderts zogen lange Zeit Dampflokomotiven die Eisenbahnzüge.

b) *Schreibe jetzt die 12 Sätze in der richtigen logischen Reihenfolge vollständig auf ein Extrablatt.*

Historische Straßenbahn vor Mailänder Dom

Moskauer U-Bahn-Wagen von 1935

14 Luftfahrt

Zwar gab es schon vorher Versuche von Menschen, mit Fluggeräten zu fliegen. Doch vom Beginn der Luftfahrt und des Luftverkehrs kann man im Grunde erst mit Beginn des 20. Jahrhunderts sprechen. Im Jahr 1900 flog erstmals ein Zeppelin (= Luftschiff). Aber das „Zeitalter der Luftschiffe" hielt nicht sehr lange an. Flugzeuge verdrängten im Luftverkehr mehr und mehr die Luftschiffe.

Der Antrieb der Flugzeuge erfolgte zunächst durch Propeller (= Propellerflugzeuge). Flugzeuge kamen u. a. in Kriegen als Transportmittel sowie als Waffen zum Einsatz. Hubschrauber wurden erfunden und im Luftverkehr verwendet. Zunächst war der Luftverkehr im 20. Jahrhundert noch relativ gering, er nahm jedoch mit der Zeit immer mehr zu.

Ab der 2. Hälfte des 20. Jahrhunderts erlebte der Luftverkehr einen enormen Aufschwung. Die Anzahl der Personen, die Flugzeuge nutzen (zum Beispiel um in Urlaubsgebiete zu fliegen), stieg weiter an. Dieser Trend setzt sich fort. Flugzeuge dienen auch dem schnellen Transport von Waren weltweit

Aufgabe: *Fasse den Inhalt des Textes in eigenen Sätzen zusammen.*

Aufstieg, Flug und Ende des Luftschiffs Zeppelin 4

Douglas C-47

15 Zusammenfassung

Aufgabe: *Verfasse mit Hilfe der anschließenden stichwortartigen Bemerkungen in vollständigen Sätzen einen Text über die allgemeine Entwicklung des Verkehrswesens im Laufe der Zeit. Schreibe deinen Text zunächst auf einem Extrablatt vor und danach hier in Reinschrift auf.*

- allgemein Zunahme des Verkehrs im Laufe der Zeit;
- vor allem ab dem 19. Jahrhundert und ganz besonders mit der 2. Hälfte des 20. Jahrhunderts starke Steigerung des Verkehrs;
- Erfindung und Einsatz vieler neuer Verkehrsmittel;
- Ausdehnung sowie Verdichtung der Verkehrsnetze weltweit;
- beträchtliche Erhöhung des Verkehrstempos;
- zunehmende Erweiterung des persönlichen Umkreises (= Mobilitätsradius), in dem die Menschen verkehrten;
- u. a. Wachstum des Reiseverkehrs durch Tourismus;
- heutzutage große Vielfalt im Verkehrswesen;
- des Öfteren Überlastung der Verkehrsnetze;
- Natur- und Umweltschäden durch den Verkehr;
- …

KOHL VERLAG Entwicklungen im Verkehrswesen – Bestell-Nr. 13 085

16 Nachrichtenverkehr

Aufgabe: *Diesmal fehlt in den 10 Sätzen jeweils das erste Wort. Setze geeignete Wörter als Satzanfänge ein. Falls du einmal nicht weiter weißt, findest du unten eine Lösungshilfe.*

a) ____________________ *der Nachrichtenverkehr zählt zum Verkehrswesen.*

b) ____________________ *Übermittlung von Nachrichten dienten in vorchristlicher Zeit anfangs Trommeln, Rauchzeichen und Boten – zu Fuß oder zu Pferd (= Kuriere[1]).*

c) ____________________ *Post übernahm in späterer Zeit Nachrichtendienste u. a. durch Überbringen von Briefen.*

d) ____________________ *schriftlich Mitteilungen zu überliefern, kamen manchmal Brieftauben zum Einsatz.*

e) ____________________ *Nachrichten-Techniken wurden im 19. Jahrhundert erfunden und erstmals eingesetzt.*

f) ____________________ *waren die Telegrafie und die Telefonie[2].*

g) ____________________ *kam im 20. Jahrhundert u. a. das Telefax[3] (= Fernkopie).*

h) ____________________ *verkünden Radio und Fernsehen regelmäßig in relativ kurzen zeitlichen Abständen („rund um die Uhr") neue Nachrichten.*

i) ____________________ *Internet lassen sich Informationen blitzschnell erfahren und verbreiten.*

j) ____________________ *zum Internet besteht zum Beispiel auch durch Smartphones …*

Morse-Telegrafie-Station

Faxgerät

Lösungshilfe: Als Satzanfänge einsetzbare Wörter (in alphabetischer Reihenfolge):
Auch – Die – Diese – Heutzutage – Hinzu – Neue – Per – Um – Zugang – Zur

[1] courrier (franz.) = Bote, Eilbote
[2] tele (griech.) = fern, weit; graphein (griech.) = schreiben; phone (griech.) = Stimme
[3] Telefax = Abkürzung für Telefacsimile; tele (griech.) = fern, weit; facere (lat.) = tun, machen; similis (lat.) = gleichartig, ähnlich

17 Verkehrszwecke

Am Verkehr teilzunehmen zählt zu den Daseinsgrundfunktionen (= DSGF) des Menschen. Es gibt verschiedene Verkehrszwecke. Je nach Verkehrszweck werden unterschieden:

Aufgabe 1: *Nenne jeweils ein Beispiel für den genannten Verkehrszweck.*

Berufsverkehr	
Schul- und Ausbildungsverkehr	
Dienstreise- und Geschäftsverkehr	
Einkaufs- und Besorgungsverkehr	
Freizeitverkehr	
Urlaubsverkehr	
Güterverkehr	

Als Berufsverkehr gelten die Fahrten der Erwerbstätigen von ihrer Wohnung zur Arbeitsstelle und wieder zurück. Erwerbstätige, die nicht in ihrem Wohnort berufstätig sind und regelmäßig zur Arbeit anderernorts fahren, nennt man Berufspendler. Der Berufsverkehr findet hauptsächlich – zumindest in Deutschland – von Montag bis Freitag jeweils morgens und spätnachmittags bzw. frühabends statt.

Der Schul- und Ausbildungsverkehr umfasst den Verkehr, der sich durch Schüler und Auszubildende auf dem Hinweg zu und auf dem Rückweg von Schulen oder Ausbildungsstätten ergibt.

Der Dienstreise- und Geschäftsverkehr ist ebenfalls beruflich bedingt. Mit Dienst- und Geschäftsreisen sind oft unregelmäßig stattfindende, über mehrere Tage dauernde Verpflichtungen gemeint.

Zum Einkaufs- und Besorgungsverkehr zählen z. B. das Aufsuchen von Geschäften, Ärzten und Behörden.

Der Freizeitverkehr resultiert u. a. aus dem Besuch von Sportveranstaltungen, kulturellen Veranstaltungen, Privatbesuchen bei Freunden oder Bekannten, Wochenendausflügen.

Unter dem Urlaubsverkehr wird der private Verkehr zur Erholung verstanden, sofern zwischen der Hinreise und der Rückreise mindestens 5 Tage liegen.

Beim Güterverkehr geht es häufig um den Transport von Waren zwischen Herstellern, Zwischenhändlern, Geschäften und Verbrauchern.

Aufgabe 2: *Was ist mit Rush-Hour[1] gemeint? Informiere dich z. B. im Internet.*

____

____

____

[1] *rush (engl.) = Ansturm, Hast, Hetze; hour (engl.) = Stunde*

KOHL VERLAG Entwicklungen im Verkehrswesen – Bestell-Nr. 13 085

18 Wirtschaft und Verkehr

Kurz und sehr vereinfacht ausgedrückt geht es in der Wirtschaft darum, Bedürfnisse (u. a. Konsumbedürfnisse) der Menschen zu befriedigen sowie damit Geld zu verdienen. Wirtschaft und Verkehr stehen in einer engen Verbindung miteinander. Wirtschaften erfordert Verkehr und umgekehrt.

Es gibt die beiden Begriffe Wirtschaftsverkehr sowie Verkehrswirtschaft. Der Begriff Wirtschaftsverkehr ist nicht eindeutig definiert und wird auch nicht klar abgegrenzt. Es lässt sich aber sagen: Im engeren Sinne umfasst die Bezeichnung Wirtschaftsverkehr den Verkehr, der mit dem Transport von Gütern, dem Anbieten und Erfüllen von Dienstleistungen sowie geschäftlichen Reisen zu tun hat. Unterschieden werden kann dabei zwischen Güterwirtschaftsverkehr, Dienstleistungsverkehr und geschäftlichem Personenverkehr.

Verkehrswirtschaft ist ein Wirtschaftszweig innerhalb der Wirtschaft. In diesem Wirtschaftszweig sind Unternehmen wie z. B. Fahrzeughersteller, Fahrzeughändler, Speditionen, Post, Nachrichtendienste und viele andere mehr.

Durch die weltweite wirtschaftliche Verflechtung (= Globalisierung[1]) haben der Wirtschaftsverkehr sowie die Verkehrswirtschaft an erheblicher Bedeutung und weiterem Zuwachs gewonnen. Der Transport von Bodenschätzen, Rohstoffen, fertigen Waren, Personen … findet rund um den „Erdball" statt.

Aufgabe: *Erkläre in eigenen Sätzen: Was ist …*

- Wirtschaft?

____

____

____

____

- Wirtschaftsverkehr?

____

____

____

____

- Verkehrswirtschaft?

____

____

____

____

[1] *globus (lat.) = Kugel, Ball*

19 Freizeitverkehr und Urlaubsverkehr

In den letzten Jahrzehnten haben der Freizeitverkehr sowie der Urlaubsverkehr (auch Ferienverkehr genannt) immer mehr an Bedeutung gewonnen. Für viele Menschen besitzen Freizeit und Urlaub (≈ Ferien) einen sehr hohen Stellenwert.

Aufgabe: **a)** *Wo und wie verbringst du deine Freizeit? Welche Verkehrsmittel nutzt du dabei bzw. hast du schon genutzt?*

____

____

____

____

____

____

b) *Wo und wie verbringst du deine Ferien? Welche Verkehrsmittel nutzt du dabei bzw. hast du schon genutzt?*

____

____

____

____

____

____

KOHL VERLAG Entwicklungen im Verkehrswesen – Bestell-Nr. 13 085

20 Nahverkehr und Fernverkehr

Nahverkehr findet mehr oder minder begrenzt auf die jeweilige Umgebung statt; Fernverkehr läuft darüber hinaus ab. Man kann auch sagen: Mit Nahverkehr ist der Verkehr zwischen nahegelegenen Orten gemeint, mit Fernverkehr der Verkehr zwischen weit(er) entfernten Orten. Zumindest früher verwendete man für Nahverkehr ebenfalls den Begriff Vorortverkehr. Die Unterscheidung zwischen Nahverkehr und Fernverkehr bezieht sich in erster Linie auf den Straßenverkehr sowie Schienenverkehr. Als Nahverkehr gilt der Verkehr mit einer Entfernung von bis zu 50 km und bis zu einer Fahrzeit von 1 Stunde.

In der Schifffahrt handelt es sich meistens um Fernverkehr, in der Luftfahrt auch. Der Fernverkehr in der Luftfahrt wird unterteilt in Mittelstrecken sowie Fernstrecken. Von Mittelstrecken spricht man bei einer Entfernung von bis zu 3000 km (≈ Flugzeit bis zu 3,5 Stunden). Langstreckenflüge erstrecken sich über 3000 km und über eine Flugzeit von mehr als 3,5 Stunden. Der Berufsverkehr der Pendler gehört überwiegend zum Nahverkehr, der Urlaubsverkehr zumeist zum Fernverkehr.

Aufgabe 1: *Erläutere selbst formuliert den Unterschied zwischen Nahverkehr und Fernverkehr.*

____

____

____

____

Aufgabe 2: *Was fällt dir hier auf?*

____

____

____

____

Bellagio, Comer See

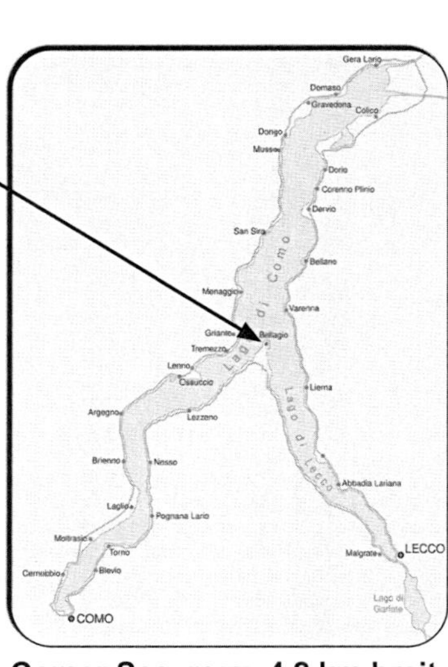

Comer See, max. 4,2 km breit

21 Das Autobahnnetz der Bundesrepublik Deutschland – Karte

(Blatt 1)

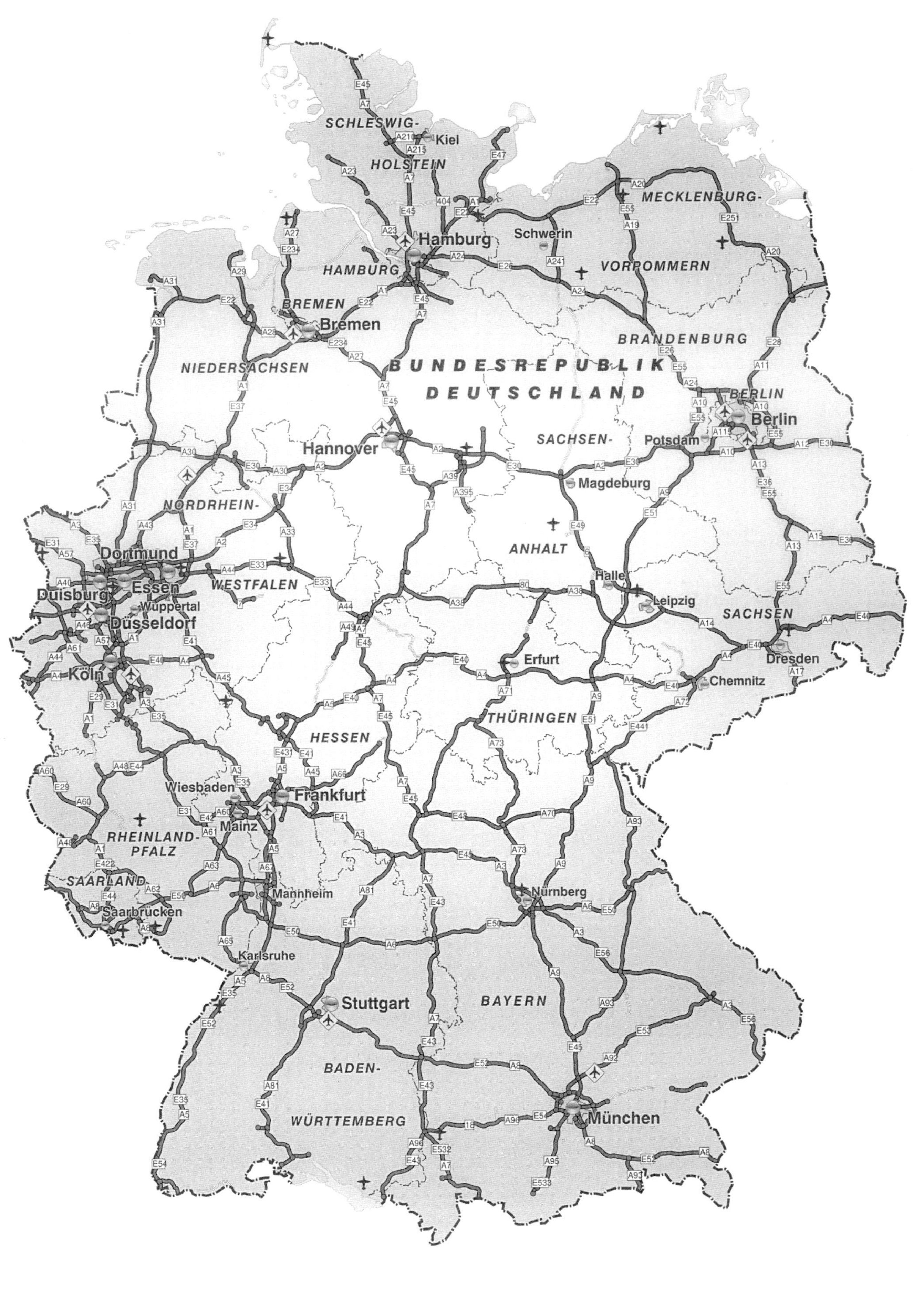

22 Das Autobahnnetz der Bundesrepublik Deutschland (Blatt 2)

Aufgabe 1: *Werte die auf der vorherigen Seite befindliche Karte aus. Was stellst du fest? Was lässt sich über das Autobahnnetz der Bundesrepublik Deutschland sagen?*

Aufgabe 2: *Die Bundesrepublik Deutschland ist in Europa der einzige Staat, in dem es auf Autobahnen keine generelle Geschwindigkeitsbeschränkung für Fahrzeuge gibt. Empfohlen wird eine Richtgeschwindigkeit von 130 km/h. Welche Meinung hast du dazu?*

23 Verkehrsnetze

Unter einem Verkehrsnetz versteht man allgemein Verkehrsverbindungen (= Verkehrslinien), die ein Gebiet erschließen. Innerhalb von Verkehrsnetzen bestehen Verkehrsknotenpunkte. Verkehrsknotenpunkte sind Orte oder Stellen, wo viele Verkehrslinien zusammentreffen und weiterlaufen. Unterschieden wird u. a. zwischen Autobahnnetzen, Straßennetzen, Eisenbahnnetzen, Schifffahrtsnetzen …

Manchmal wird für den Begriff Verkehrsnetz die Bezeichnung Streckennetz verwendet.

Aufgabe: *Erstelle eine Kartenskizze, die das Verkehrsnetz deines Wohnortes aufzeigt, zumindest dessen wichtigste Verkehrsverbindungen.*

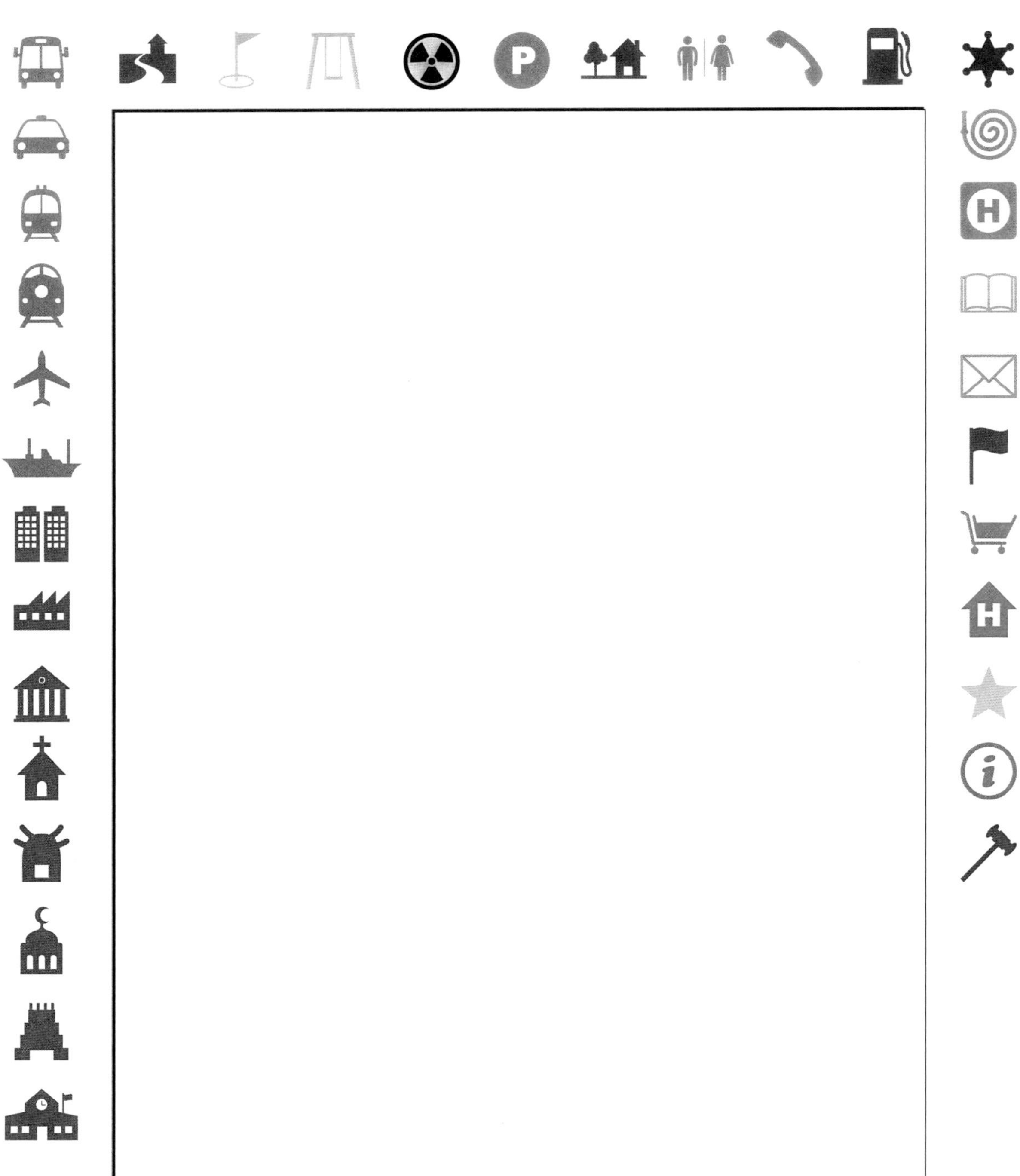

24 Vor- und Nachteile von verschiedenen Arten der Fortbewegung im Verkehr

(Blatt 1)

Aufgabe 1: Partnerarbeit (oder Einzelarbeit)

a) *Denkt nach und notiert Vorteile sowie Nachteile, die eurer Meinung nach die beiden genannten Fortbewegungen im Verkehr haben.*

Vorteile	Nachteile

b) *Welche Meinung habt ihr darüber, zu Fuß zu gehen oder das Fahrrad zu nutzen? Begründet eure Meinung.*

KOHL VERLAG Entwicklungen im Verkehrswesen – Bestell-Nr. 13 085

24 Vor- und Nachteile von verschiedenen Arten der Fortbewegung im Verkehr

(Blatt 2)

Aufgabe 2: Partnerarbeit (oder Einzelarbeit)

a) *Denkt nach und notiert Vorteile sowie Nachteile, die eurer Meinung nach die genannte Fortbewegung im Verkehr hat.*

Vorteile	Nachteile

b) *Welche Meinung habt ihr darüber, das Auto zu nutzen? Begründet eure Meinung.*

24 Vor- und Nachteile von verschiedenen Arten der Fortbewegung im Verkehr (Blatt 3)

Fortbewegung
mit ______________________

?

Aufgabe 3: Partnerarbeit (oder Einzelarbeit)

a) *Denkt nach und notiert Vorteile sowie Nachteile, die eurer Meinung nach die genannte Fortbewegung im Verkehr hat.*

Vorteile	Nachteile

b) *Welche Meinung habt ihr darüber, das genannte Verkehrsmittel zu nutzen? Begründet eure Meinung.*

KOHL VERLAG Lernen mit Erfolg   Entwicklungen im Verkehrswesen – Bestell-Nr. 13 085

25 Straßenverkehrsordnung

Wie man sich im öffentlichen Straßenverkehr zu verhalten hat, ist in der Bundesrepublik Deutschland in der Straßenverkehrsordnung (StVO) geregelt. Alle Teilnehmer am öffentlichen Straßenverkehr sind verpflichtet, die Straßenverkehrsordnung (StVO) zu befolgen.

Im Paragraph 1 der StVO heißt es wörtlich: „Die Teilnahme am Straßenverkehr erfordert ständige Vorsicht und Rücksicht. Wer am Verkehr teilnimmt, hat sich so zu verhalten, dass kein anderer geschädigt, gefährdet oder, mehr als nach den Umständen unvermeidbar, behindert oder belästigt wird.“ Im ersten Teil der StVO werden die allgemeinen Verkehrsregeln genannt. Dazu gehören die Bestimmung der Höchstgeschwindigkeit, die Einhaltung von Abstand, die Regelungen des Überholens, der Vorfahrt, des Abbiegens, des Haltens, Parkens …

Um die einzelnen Verkehrszeichen geht es im 2. Teil der StVO. Mit der Zuständigkeit von u. a. Straßenverkehrsbehörden befasst sich der 3. Teil der StVO. Des Weiteren behandelt dieser Teil die Thematik Verkehrsverstöße (Ordnungswidrigkeiten) und deren Ahndung.

Aufgabe: *Partnerarbeit (oder Einzelarbeit)*
Welche näheren Verkehrsregeln kennt ihr? Notiert die Verkehrsregeln stichwortartig.

____

____

____

____

____

____

____

____

____

____

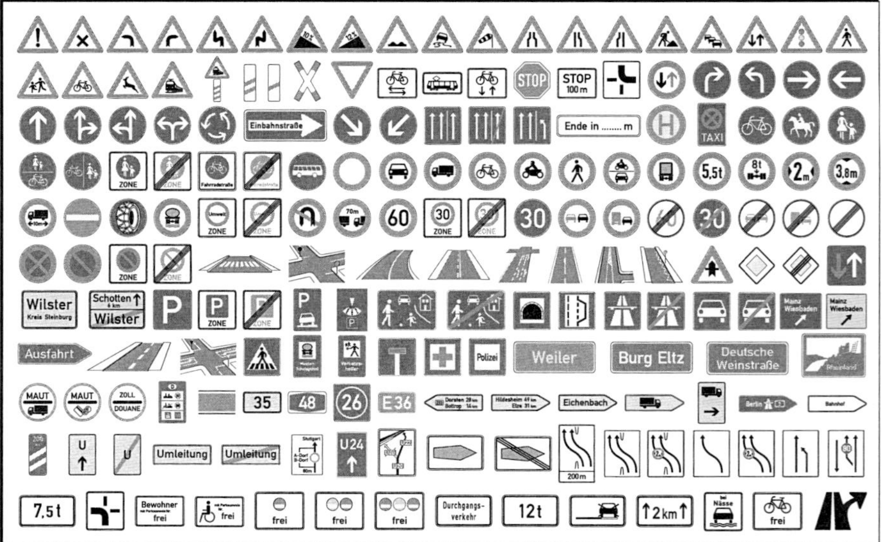

26 Verkehrskontrollen der Polizei in Hamburg

Im August 2023 kontrollierte die Polizei in Hamburg mit einem sehr großen Aufgebot an Polizisten verstärkt den Verkehr in der Stadt. Die Verkehrskontrollen fanden im Rahmen der Aktion „Mobil – aber sicher!“ statt.

Dabei registrierten Polizisten 15.373 Geschwindigkeitsübertretungen von Fahrern motorisierter Fahrzeuge. Mit Handy am Ohr saßen 326 Autofahrer fahrend am Steuer. 319 Fahrzeugführer missachteten während der Fahrt Ampeln mit rotem Licht. 52 Fahrer hatten keine Fahrerlaubnis dabei. 30 Fahrzeugführer standen unter Drogen-, 27 Fahrzeugführer unter Alkoholeinfluss.

Fahrer von Elektrokleinstfahrzeugen wie z. B. Elektroscootern fielen u. a. auf durch Weiterfahren bei Rotlicht (8), Fahren auf einem Gehweg (7) sowie falsches Abstellen ihres Verkehrsmittels (42). 191 Radfahrer achteten nicht auf die Farbe Rot anzeigenden Ampeln. 121 Radfahrer fuhren auf der falschen Straßenseite, 92 Radfahrer auf einem Gehweg, 60 Radfahrer benutzten beim Fahren unerlaubt ihr Handy.

Insgesamt leitete die Polizei über 32.000 Verfahren wegen Ordnungswidrigkeiten und mehr als 200 Strafverfahren ein.[1]

Aufgabe: *Du hast den vorherigen Text gelesen. Gib einen Kommentar zum Inhalt des Textes ab.*

____

____

____

____

____

____

____

____

[1] *Text von Friedhelm Heitmann nach einem Zeitungsartikel in der Hamburger Morgenpost vom 9./10.09.2023*

KOHL VERLAG Entwicklungen im Verkehrswesen – Bestell-Nr. 13 085

27 Ahndung von Vergehen im Straßenverkehr (Blatt 1)

Verstöße im Straßenverkehr werden in Deutschland gemäß Straßenverkehrsordnung (StVO) als Ordnungswidrigkeiten bezeichnet. Für geringfügige Verstöße im Straßenverkehr ist in der Regel ein Verwarnungsgeld (= Geld in geringer Höhe) zu zahlen.
3 Beispiele für solche Verstöße im Straßenverkehr sind:

- Falschparken;
- Nichteinhaltung des Sicherheitsabstandes zum unmittelbar davor fahrenden Fahrzeug;
- geringes Überschreiten der vorgeschriebenen Höchstgeschwindigkeit.

Das Begehen von schwereren Ordnungswidrigkeiten wird mit zu zahlendem Bußgeld und eventuellem (vorübergehenden) Entzug der Fahrerlaubnis geahndet. Als schwerere Ordnungswidrigkeiten gelten u. a.:

- erhebliches Überschreiten der vorgeschriebenen Höchstgeschwindigkeit;
- Weiterfahren, obwohl die Ampel schon länger als eine Sekunde die Farbe Rot anzeigt;
- Nichtbeachtung des Überholverbots.

Ganz schwere Vergehen im Straßenverkehr bewertet man in Deutschland gemäß Strafgesetzbuch (StGB) als Straftaten. Zu den sogenannten Verkehrsdelikten[1] zählen:

- Trunkenheit im Straßenverkehr;
- unerlaubtes Entfernen vom Unfallort;
- illegale Autorennen;
- Fahren ohne Fahrerlaubnis;
- fahrlässige Körperverletzung/Tötung.

Für solche Vergehen verhängen Gerichte Freiheitsstrafen oder Geldstrafen.

Aus Ordnungswidrigkeiten im Straßenverkehr können Straftaten werden. Beispiel: Ein Autofahrer überschreitet mit seinem Fahrzeug erheblich die vorgegebene Höchstgeschwindigkeit, wodurch ein Fußgänger verletzt wird (= fahrlässige Körperverletzung).

Auch gegen Fußgänger und Radfahrer können für Vergehen im Straßenverkehr Verwarnungs- und Bußgeld, ja sogar Strafen, verhängt werden …

[1] *delictum (lat.) = Vergehen, Fehltritt*

KOHL VERLAG Entwicklungen im Verkehrswesen – Bestell-Nr. 13 085

27 Ahndung von Vergehen im Straßenverkehr (Blatt 2)

Aufgabe: *Ergänze die fehlenden Angaben.*

a) *Verstöße im Straßenverkehr gemäß Straßenverkehrsordnung werden ______________________________ genannt.*

b) *Die Abkürzung für Straßenverkehrsordnung lautet _______________.*

c) *Falschparken gilt als ein ______________________________.*

d) *Schwerere Ordnungswidrigkeiten werden geahndet mit __________________*

____.

e) *Nichtbeachtung des Überholverbots wird bewertet als _______________.*

____.

f) *Ganz schwere Vergehen im Straßenverkehr werden bewertet gemäß dem*

____.

g) *Ganz schwere Vergehen im Straßenverkehr bezeichnet man auch als*

____.

h) *Die ____________________________ verhängen Strafen für Verkehrsdelikte.*

i) *Diese Strafen gibt es für Verkehrsdelikte: ______________________________*

____.

j) *Ordnungswidrigkeiten im Straßenverkehr können sich zu ____________________ entwickeln.*

KOHL VERLAG Entwicklungen im Verkehrswesen – Bestell-Nr. 13 085

28 Verkehr und Unfälle

Im Verkehr besteht die Gefahr von Unfällen, ja von Unglücken (= schwere Unfälle). Mögliche Folgen von Unfällen sind Sachschäden und/bzw. körperliche Schäden. Unfälle können auch zu Todesopfern führen.

Vergleicht man den Straßenverkehr, den Schienenverkehr, den Schiffsverkehr sowie den Luftverkehr miteinander, so besagt die Statistik: Für Verkehrsteilnehmer ist die Unfallgefahr im Straßenverkehr am größten. Die Wahrscheinlichkeit bei einem Unfall sein Leben zu verlieren ist im Auto vielfach größer als in einem Zug oder in einem Omnibus. Auch bei Flugzeugen und Schiffen ist die Unfallgefahr statistisch betrachtet nicht so groß wie bei Autos.

Es gibt unterschiedliche, vielfältige Ursachen für Unfälle im Verkehr. Häufige Ursachen von Unfällen im Straßenverkehr sind: überhöhte Fahrgeschwindigkeit, Nichtbeachtung der jeweiligen Vorfahrtsregel, falsches Überholen, zu kurzer Sicherheitsabstand, Trinken von Alkohol …

Entstehen können Unfälle ebenfalls durch technische Defekte des Verkehrsmittels, Tiere auf der Fahrbahn, Ablenkung …

Aufgabe: *Berichte schriftlich über einen Verkehrsunfall, den du selbst erlebt hast, von dem du z. B. in einer Zeitung gelesen hast bzw. von dem du gehört hast. Beantworte dabei diese Fragen:*

▶ *Wann und wo geschah der Unfall?*

___

___

___

▶ *Wodurch kam es zum Unfall?*

___

___

___

▶ *Wie verlief der Unfall?*

___

___

___

▶ *Welche Folgen hatte der Unfall?*

___

___

___

KOHL VERLAG Entwicklungen im Verkehrswesen – Bestell-Nr. 13 085

29 Verkehrsdichte

Allgemein wird im Verkehrswesen unter dem Begriff Verkehrsdichte Folgendes verstanden: Wie intensiv ist der Verkehr? Damit ist normalerweise die Anzahl der Fahrzeuge/ Verkehrsmittel in Bezug auf einen Verkehrsweg gemeint. Fahrzeuge sind z. B. Autos, Züge, Schiffe, Flugzeuge … Mögliche Verkehrswege sind u. a. Straßen, Schienen, Wasserstraßen, Luftwege. Auch bei Fußgängern und Radfahrern im Verkehr lässt sich die Verkehrsdichte ermitteln.

Als Verkehrsdichte im Straßenverkehr wird meistens die Anzahl der Fahrzeuge auf einem festgelegten Straßenabschnitt zu einem bestimmten Zeitpunkt ermittelt. Die Maßeinheit dafür heißt Fahrzeuge je Kilometer (Fz./km).

Im Verkehrswesen kommt ebenfalls der Begriff Verkehrsstärke vor. Im allgemeinen Sprachgebrauch wird oft der Begriff Verkehrsstärke mit Verkehrsdichte gleichgesetzt. Dies ist sachlich aber nicht korrekt. Definiert ist die **Verkehrsstärke** nämlich als Produkt von Geschwindigkeit und Verkehrsdichte (Geschwindigkeit • Verkehrsdichte).

Die Verkehrsdichte beeinflusst wesentlich den Ablauf des Verkehrs (= Verkehrsfluss). Je mehr die Verkehrsdichte auf Straßen zunimmt, desto grösser wird die Gefahr von Staus. Zugleich wächst mit steigender Verkehrsdichte die Wahrscheinlichkeit für Unfälle.

Aufgabe: *Das habe ich aus dem vorherigen Text verstanden und kann ich nun in eigenen Sätzen aufschreiben:*

KOHL VERLAG Entwicklungen im Verkehrswesen – Bestell-Nr. 13 085

30 Wir zählen und beobachten den Straßenverkehr vor Ort

Aufgabe: *Fertige ein Protokoll an.*

Datum der Zählung und Beobachtung: ______________________

Zeitraum (Uhrzeiten) der Zählung und Beobachtung: ______________________

Standort der Zähler, Beobachter: ____

____

Namen der Zähler, Beobachter: ______________________________________

____

Führt eine Strichliste: Anzahl der:

- Fußgänger ______________________ = ________
- Fahrradfahrer ______________________ = ________
- Mofafahrer ______________________ = ________
- Motorradfahrer oder Mopedfahrer ______________________ = ________
- Fahrer mit einem Elektro-Scooter ______________________ = ________
- Autos ______________________ = ________
- Busse ______________________ = ________
- Lastkraftwagen ______________________ = ________
- Sonstiges ______________________ = ________

▶ *Was lässt sich positiv über das Verhalten von Verkehrsteilnehmern sagen?*

____

____

____

▶ *Welches falsche Verhalten von Verkehrsteilnehmern war zu beobachten?*

____

____

____

▶ *Verbesserungsvorschläge für die Regelung des Verkehrs vor Ort:*

____

____

____

KOHL VERLAG Entwicklungen im Verkehrswesen – Bestell-Nr. 13 085

31 So verhalte ich mich im Verkehr

Aufgabe: *Verfasse einen möglichst zusammenhängenden Text zum Thema „So verhalte ich mich im Verkehr". Arbeite an deinem Text (Länge: ca. 1 Seite) zunächst auf einem Blatt Papier, auf dem du noch durchstreichen und korrigieren kannst.*

Schreibe anschließend deinen Text in Schönschrift auf ein Extrablatt.

32 Verkehrsberuhigung

(Dichter) Verkehr wirkt sich besonders belastend dort aus, wo Menschen auch wohnen. Von daher ist die Verkehrsberuhigung vor allem auf Wohngebiete ausgerichtet. Bei der Verkehrsberuhigung geht es hauptsächlich um den motorisierten Straßenverkehr. Zum einen ist Zielsetzung der Verkehrsberuhigung, den motorisierten Straßenverkehr in Wohngebieten zu verlangsamen. Darüber hinaus wird beabsichtigt, motorisierten Straßenverkehr aus Wohngebieten hinaus zu verlagern.

Aufgabe: *Partnerarbeit (oder Einzelarbeit)*

Informiert euch über einzelne Maßnahmen der Verkehrsberuhigung. Notiert Maßnahmen der Verkehrsberuhigung in Stichwörtern.

KOHL VERLAG Entwicklungen im Verkehrswesen – Bestell-Nr. 13 085

33 10 Überschriften aus verschiedenen Zeitungen

Schutz vor Straßenlärm
Bürgermeister will Tempo 30 für Ortsdurchfahrt

A7 wird voll gesperrt
Und es droht noch mehr Stau

Preisschock bei Elektroautos
Dafür sind die Rabatte für Wagen mit Verbrennungsmotor so hoch wie lange nicht

Deutschland lernt
Die hohe Unpünktlichkeits-quote bei der Bahn liegt vor allem am in weiten Teilen maroden Streckennetz

Tödlicher Unfall
Lkw-Fahrer übersieht 15jährigen Radfahrer beim Abbiegen

Mietwagen
sorgen für Parkplatz-Zoff

Verzichten für das Klima?
Aber nicht beim Fliegen – Der Luftverkehr steuert auf Rekorde zu, Wasserstoffantriebe und CO_2-Kompensation helfen nicht wirklich

Bahn sorgt für Unruhe in der Heide
- Kommunen und Bürger fordern Ausbau statt Neubau der Strecke Hannover-Hamburg
- Besorgnis um Natur und Tourismus

Fliegen als gäbe es kein Morgen
- Die Linke will Privatjets verbieten und beißt auf Granit

Kreuzfahrtschiffe
- Untragbar für Klima, Umwelt und Gesundheit

Aufgabe: *Welche Gedanken gehen dir durch den Kopf zum Thema Verkehr, nachdem du die 10 Überschriften aus verschiedenen Zeitungen gelesen hast? Was meinst du zu den einzelnen Überschriften? Nimm schriftlich Stellung.*

KOHL VERLAG Entwicklungen im Verkehrswesen – Bestell-Nr. 13 085

34 Klimawandel und Verkehr (Blatt 1)

Die Erde ist vom Klimawandel betroffen, auch wenn es manche Personen(kreise) immer noch nicht wahrhaben wollen. Auf der Erde steigen die Temperaturen stetig an. Diese Entwicklung führt zu gravierenden Problemen: Abschmelzen der Gletschern, Anstieg der Meeresspiegel, Wetterextreme, Naturkatastrophen, Hungerkrisen und vieles andere mehr. Der Klimawandel ist wesentlich auf die Menschen zurückzuführen. Sie sind verantwortlich für den sogenannten Treibhauseffekt, der hervorgerufen wurde und wird durch den Ausstoß von Kohlenstoffdioxid (CO_2), weiteren Treibhausgasen, sonstigen Luftverschmutzungen ...

Zum Klimawandel hat auch die Entwicklung des Verkehrs beigetragen und tut es weiterhin. Zu lesen ist: Hinter der Energiewirtschaft und der Industrie ist der Verkehr an dritter Stelle stehend am Ausstoß von Treibhausgasen beteiligt. Im Bereich des Verkehrs stammt bisher der weitaus größte Anteil beim Ausstoß von Treibhausgasen aus dem Straßenverkehr. Negativ wirkt sich dabei vor allem der Verkehr von Fahrzeugen mit Verbrennungsmotoren aus …

Aufgabe 1: *Was hältst du nach dem Lesen des vorherigen Textes für sehr wichtig?*

____

____

____

____

____

____

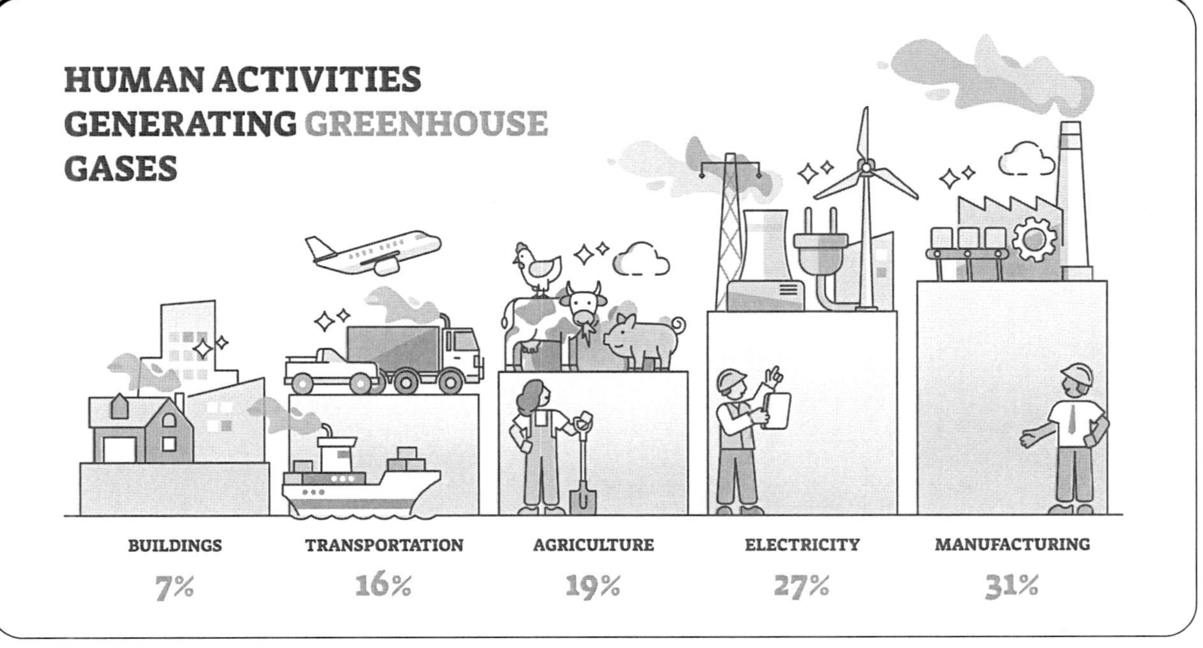

KOHL VERLAG Entwicklungen im Verkehrswesen – Bestell-Nr. 13 085

Klimawandel und Verkehr

(Blatt 2)

Nicht so stark wie der Straßenverkehr, aber dennoch deutlich tragen der Flugverkehr und die Schifffahrt durch Emissionen[1] von Treibhausgasen und anderen klimaschädlichen Stoffen zum Klimawandel bei.

Der Flugverkehr und die Schifffahrt sind also klimaschädlich. Im Gegensatz dazu wird der Schienenverkehr als (relativ) klimafreundlich bewertet. Dies gilt, wenn der Schienenverkehr elektrisch betrieben wird. Bezogen auf den Verkehr ist es am klimafreundlichsten, sich zu Fuß bzw. per Fahrrad fortzubewegen.

Um dem Klimawandel entgegenzuwirken, wird auch im Verkehrswesen (u. a. in Deutschland) Klimaneutralität angestrebt. Bezogen auf den Verkehr meint Klimaneutralität: Der Verkehr wirkt sich (möglichst) nicht mehr negativ auf das Klima aus. So manche Wissenschaftler weisen aber darauf hin, dass sich das Ausstoßen von klimaschädlichen Stoffen auch im Verkehr nicht gänzlich vermeiden lässt.

Als Klimaneutralität wird ebenfalls bezeichnet: Zwischen dem Ausstoß von klimaschädlichen Stoffen und deren Bindung (Speicherung z. B. In Wäldern, Mooren) besteht ein Gleichgewicht. Das heißt mit anderen Worten, es werden nicht mehr größerer Mengen an klimaschädlichen Stoffen ausgestoßen als Mengen an klimaschädlichen Stoffen gebunden werden. Unternehmen haben in dieser Hinsicht die Möglichkeit, Klimazertifikate[2] zu kaufen, um Klimaneutralität zu erreichen. Das gezahlte Geld für Klimazertifikate dient dazu, klimafreundliche Maßnahmen (z. B. die Aufforstung von Wäldern, die Herstellung von Biokraftstoffen) zu verwirklichen. Dieses Handeln nennt man auch Klimakompensation[3].

Insgesamt gesehen ist das Verkehrswesen bisher jedoch noch weit entfernt von Klimaneutralität.

Aufgabe 2: *Dein Kommentar zum Thema „Klimawandel und Verkehr“:*

[1] *emissio (lat.) = das Herauslassen, das Ausstoßen*
[2] *certificatus (lat.) = versichert, beglaubigt*
[3] *compensatio (lat.) = Ausgleich, Gleichgewicht*

KOHL VERLAG Entwicklungen im Verkehrswesen – Bestell-Nr. 13 085

35 Lernerfolgskontrolle (Blatt 1)

1. *Erkläre kurz, worum es im Verkehrswesen geht.*

2. *Nenne 4 verschiedene Arten von Verkehrsstrecken (= Verkehrswegen).*

3. *Wie bezeichnet man das Gegenteil von privatem (= Individuellem) Verkehr?*

4. *Erwähne 2 verschiedene Verkehrsmittel, die es bereits in vorchristlicher Zeit gab.*

5. *Wie heißen 3 verschiedene Verkehrsmittel, die im 19. Jahrhundert erfunden wurden?*

6. *Führe 3 verschiedene im 20. Jahrhundert erfundene Verkehrsmittel an.*

7. *Welche Arten des Verkehrs werden gemäß dem Zweck des Verkehrs unterschieden?*

8. *Was wird im Verkehr unter der Bezeichnung „Rush-Hour“ verstanden?*

9. *Wirtschaftsverkehr – was ist damit gemeint?*

10. *Was wird als Nahverkehr bezeichnet, was als Fernverkehr?*

35 Lernerfolgskontrolle

(Blatt 2)

11. *Was ist ein Verkehrsnetz, was ein Verkehrsknotenpunkt?*

12. *In welchem Bundesland der Bundesrepublik Deutschland ist das Autobahnnetz am dichtesten?*

13. *Nenne 2 Vorteile und 2 Nachteile des Verkehrsmittels Fahrrad.*

14. *Was besagt der Paragraph 1 der Straßenverkehrsordnung?*

15. *Erwähne 3 Beispiele für Verstöße im Straßenverkehr.*

16. *Wie werden Verstöße im Straßenverkehr geahndet?*

17. *Bei welchem Verkehrsmittel ist die Unfallgefahr am größten?*

18. *Wie wird die Verkehrsdichte im Straßenverkehr ermittelt?*

19. *Gib 3 verschiedene Maßnahmen der Verkehrsberuhigung in Wohngebieten an.*

20. *Wie wirkt sich der derzeitige Verkehr auf das Klima aus?*

KOHL VERLAG Entwicklungen im Verkehrswesen – Bestell-Nr. 13 085

36 Verkehrswende

(Blatt 1)

In der gegenwärtigen Zeit wird oft in der Öffentlichkeit von der (erforderlichen) Verkehrswende gesprochen. Unter diesem Begriff werden alle Maßnahmen zusammengefasst, das Verkehrswesen positiv zu verändern, vor allem nachhaltig zu gestalten. Für den Begriff Verkehrswende wird auch die Bezeichnung Mobilitätswende[1] gebraucht.

Aufgabe: **a)** *Zu den begonnenen bzw. geplanten Maßnahmen der Verkehrswende (= Mobilitätswende) gehören unter anderem die auf Blatt 2 aufgeführten Stichpunkte. Ordne sie nach Wichtigkeit durch Angabe von Nummern.*

- *Welche davon hältst du für besonders wichtig (1. … 3.),*
- *welche für einigermaßen wichtig (4. … 7.) und*
- *welche für weniger wichtig (8. … 10.)?*

b) *Welche weiteren Maßnahmen bei der Verkehrswende (= Mobilitätswende) fallen dir ein? Notiere die Maßnahmen stichwortartig.*

____

____

____

____

____

____

____

____

____

c) *Was hältst du von der Verkehrswende (= Mobilitätswende)? Begründe deine Meinung.*

____

____

____

____

____

____

____

____

____

[1] *mobilis (lat.) = beweglich, lenkbar*

KOHL VERLAG Entwicklungen im Verkehrswesen – Bestell-Nr. 13 085

36 Verkehrswende

(Blatt 2)

zunehmende Verlagerung des Verkehrs von Straßen auf Schienen

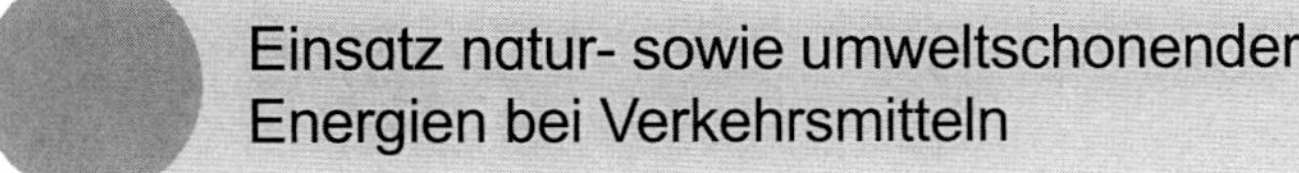

Einsatz natur- sowie umweltschonender Energien bei Verkehrsmitteln

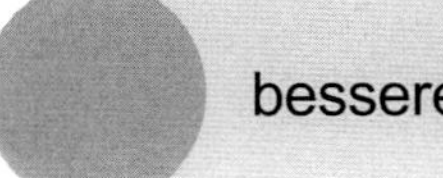

bessere Steuerung des Verkehrs

Reduzierung des motorisierten Individualverkehr

Förderung des Fußgänger- und Fahrradverkehrs

Maßnahmen zur Verhinderung von Unfällen

Festlegung von (mehr) Tempobegrenzungen im Straßenverkehr

Einschränkung oder sogar Unterbindung des innerstädtischen Autoverkehrs

Verringerung von Verkehrslärm und Verkehrsstress

Kostensenkungen für die Nutzung des öffentlichen Personenverkehrs (evtl. sogar kostenloses Anbieten der Nutzung)

...

KOHL VERLAG Entwicklungen im Verkehrswesen – Bestell-Nr. 13 085

37 Autos

In Deutschland hat die Autoindustrie wirtschaftlich eine große Bedeutung. Autos wurden und werden produziert für das Inland, aber auch für die Ausfuhr in andere Länder. Eine große Masse von Autos (= Personenkraftwagen) verkehren in Deutschland und bereiten Verkehrsprobleme. So manche Familien bzw. Einzelpersonen besitzen jeweils nicht nur ein, sondern mehrere Autos. Der Besitz eines oder sogar mehrerer Autos ist für etliche Personen u. a. ein Statussymbol. Viele Menschen im Land halten den Besitz von Autos für unverzichtbar, obwohl sie sie oft jeweils nur für kurze Zeit nutzen.

Vor allem Klima- und Umweltschützer üben heftige Kritik an motorisierten Fahrzeugen, die Verbrennungsmotoren aufweisen. Derzeit (Stand: 2024) handelt es sich bei den weitaus meisten Personenkraftwagen in Deutschland um Autos mit Verbrennungsmotoren, die umweltschädlich sind. Autos mit Elektromotoren sind dies nicht in dem Maße, sie sind jedoch noch beträchtlich teurer als Autos mit Verbrennungsmotoren. Hinzu kommt, dass es in Deutschland bislang viel zu wenige Anfahrstellen mit Ladesäulen gibt, um die Batterien der Elektroautos aufzuladen.

Die Bundesregierung strebt an: Im Jahr 2030 sollen 15 Mio. Elektroautos verkehren. Ob dieses Ziel erreicht wird, erscheint aber sehr fraglich. Die Europäische Union beschloss: Ab dem Jahr 2035 dürfen in der Regel keine Neuwagen mit Verbrennungsmotoren innerhalb der EU verkauft werden[1].

Zu bedenken gilt es: Auch schon die Produktion von Elektroautos ist kein Vorbild für den Klimaschutz. Die Gewinnung von Materialien (z. B. Lithium) für Elektroautos ist oftmals verbunden mit Natur- und Umweltschädigungen. Das große Gewicht der Batterie erfordert mehr Energie ...

Aufgabe: *Welche Einstellung hast du zu Autos? Wie bewertest du die im vorherigen Text angesprochene Zielsetzung der Bundesregierung sowie den Beschluss der Europäischen Union? Begründe.*

____

____

____

____

____

____

____

____

____

[1] *Es besteht jedoch die Ausnahmeregel: Fahrzeuge mit Verbrennungsmotoren sind weiterhin erlaubt, wenn sie mit klimaneutralen Kraftstoffen (e-Fuels) betrieben werden.*

KOHL VERLAG Entwicklungen im Verkehrswesen – Bestell-Nr. 13 085

38 Autos – ein zentrales Verkehrsproblem

Ein zentrales Problem im heutigen Verkehr von entwickelten Staaten bilden Autos. Es gibt viel zu viele Autos. Es erscheint als notwendig, die Anzahl der Autos zu begrenzen, möglichst zu reduzieren. Autos werden (bei Weitem) nicht so häufig benötigt und benutzt, wie sie vorhanden sind.

Carsharing[1] kann dazu beitragen, den Autoverkehr zu verringern. Mit Carsharing ist die organisierte gemeinsame Nutzung von Kraftfahrzeugen gemeint. Möglich ist Carsharing, indem man mit einem solchen Anbieter, der Halter des jeweiligen Autos ist, einen Vertrag abschließt. Auch privates Carsharing bietet sich an, z. B. mit Nachbarn und Bekannten. Carsharing ist finanziell günstiger als allein ein Auto zu unterhalten.

Für Autofahrer wird es insbesondere in Zentren deutscher Großstädte aufgrund geringerer Angebote von Parkplätzen immer schwieriger, mit dem Auto zu parken. Die Verkehrsplanungen sehen im Inneren von Großstädten immer weniger Autoverkehr vor.

Aufgabe: **a)** *Erkläre selbst formuliert, worum es im vorherigen Text geht.*

____

____

____

____

b) *Was hältst du vom Carsharing? Begründe deine Meinung.*

____

____

____

____

c) *Was meinst du dazu, dass Verkehrsplaner im Inneren von deutschen Großstädten weniger Autoverkehr haben möchten? Begründe deine Meinung.*

____

____

____

____

[1] *car (engl.) = Auto; (to) share (engl.) = teilen*

39 Fahrräder- und Fußgängerverkehr in der Verkehrswende

Aufgabe: *In den 13 Sätzen fehlt jeweils ein Wort. Setze die passenden Wörter ein.*

a) Die ________________________ beinhaltet u. a., den Fahrrad- und Fußgängerverkehr (noch mehr) zu fördern und auszuweiten.

b) Ziele sind dabei, dem ________________________ entgegenzuwirken, weniger Lärm, bessere Luftqualität, eine lebenswertere Umwelt …

c) Zur ______________________ des Fahrradverkehrs sollen verbesserte und neue Fahrradwege (Fahrradschnellwege) dienen.

d) Das ______________________ besteht, Radverkehrsnetze auszubauen.

e) Mehr Fahrradabstellmöglichkeiten, sogar ____________________________________ sind vorgesehen, letztere in Großstädten.

f) Zu beobachten ist: Zunehmend werden bereits Fahrräder mit Anhängern sowie ______________________________ vor allem in Großstädten zum Transport von Waren eingesetzt.

g) Heutzutage kommen verschiedene ___________________ von Fahrrädern im Verkehr vor: herkömmliche, allein per Körperkraft angetriebene Fahrräder, Pedelecs (= Fahrräder, bei denen das Treten der Pedalen elektrisch unterstützt wird), reine Elektro-Bikes …

h) Im Stadtverkehr sind Fahrräder angesichts des zähflüssigen Verkehrs sowie Staus von motorisierten Kraftfahrzeugen das schnellere/schnellste ______________________________.

i) Für Fußgänger sind u. a. breitere Fußgängerwege sowie weitere ____________________________________ in Städten geplant.

j) An Verkehrsampeln sind längere ________________________ als bisher für den Fußgängerverkehr beabsichtigt.

k) Insgesamt sollen Fußgänger und Radfahrer besser vom __________________________ abgeschirmt und geschützt werden.

l) Es ist möglich, als Verkehrsteilnehmer zu ___________________ zu gehen oder mit dem Fahrrad zu fahren und damit etwas für die eigene Gesundheit zu tun.

m) Dem steht aber bei so manchen Heranwachsenden und Erwachsenen die persönliche ______________________________ entgegen.

Lösungshilfe: einsetzbare Wörter in alphabetischer Reihenfolge:
Arten – Autoverkehr – Bequemlichkeit – Fahrradparkhäuser – Förderung – Fuß – Fußgängerzonen – Grün-Phasen – Klimawandel – Lastenfahrräder – Verkehrsmittel – Verkehrswende – Vorhaben

40 Öffentlicher Personenverkehr in der Verkehrswende

Besonderes Gewicht in der Verkehrswende wird in Deutschland ebenfalls darauf gelegt, den öffentlichen Personenverkehr zu verbessern und auszubauen. Dies bezieht sich vor allem auf den Öffentlichen Personennahverkehr (ÖPNV), zu dem man auch den Regionalverkehr zählt.

Absicht ist, dass die Bevölkerung mehr und mehr auf die Nutzung eigener Autos verzichtet und dafür die öffentlichen Verkehrsmitteln benutzt. Der öffentliche Personenverkehr umfasst Verkehrsmittel wie Omnibusse, Straßenbahnen, U-Bahnen, S-Bahnen, Eisenbahnzüge ...

Kennzeichnend ist, dass die öffentlichen Verkehrsmittel im Linienverkehr regelmäßig unterwegs sein müssen.

Bisher (Stand: 2024) lässt der öffentliche Personenverkehr in Deutschland des Öfteren zu wünschen übrig. So manche Straßenstrecken und Schienenstrecken sind inzwischen marode, müssen ausgebessert bzw. modernisiert werden. Dies beeinträchtigt derzeit u. a. die Pünktlichkeit von Verkehrsmitteln. Ein Problem ist ferner, dass es in Deutschland langfristig kein einheitliches Tarifsystem im öffentlichen Personenverkehr gibt. In den meisten größeren deutschen Städten und deren Umgebung schreitet der öffentliche Personennahverkehr voran, macht also Fortschritte. Dagegen bestehen in ländlichen Gebieten häufig nur (ganz) wenige Möglichkeiten, öffentliche Verkehrsmittel vor Ort zu nutzen, da sie selten verkehren.

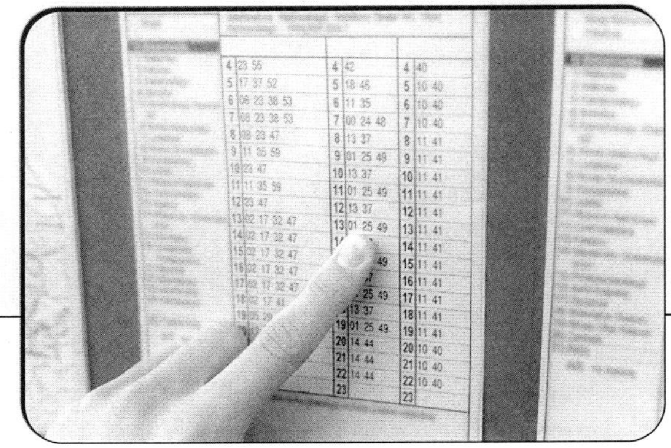

Aufgabe: **a)** *Welche öffentlichen Verkehrsmittel nutzt du regelmäßig, welche manchmal?*

____

____

____

b) *Was hältst du vom Öffentlichen Personennahverkehr? Begründe deine Meinung.*

____

____

____

c) *Hältst du den Ausbau des Öffentlichen Personennahverkehrs für wichtig? Begründe deine Meinung.*

____

____

____

41 Verkehr – ein Blick in die Zukunft (Blatt 1)

Manche Verkehrsexperten und solche, die sich dafür halten, nehmen an: Technische Erfindungen und Fortschritte reichen aus, um die Verkehrsprobleme zu lösen.

So einige Verantwortliche des Straßenverkehrs, Schienenverkehrs, Schiffsverkehrs bzw. des Flugverkehrs meinen und verkünden, dass Mitte des 21. Jahrhunderts wird der Verkehr in Deutschland klimaneutral sein. Gesprochen wird auch davon, dass alle Verkehrsmittel in 50 Jahren umweltfreundlich verkehren werden.

Elektrisch oder mit Wasserstoff-Brennstoffzellen betriebene Fahrzeuge hätten dann schon längst die Fahrzeuge mit Verbrennungsmotoren abgelöst.

Hauptsächlich würden nicht von Menschen gesteuerte, sondern selbstfahrende Fahrzeuge (Autos …) verkehren.

Die Digitalisierung lenke den Verkehr flexibel und weitgehend optimal. Den Bürgern stehe z. B. ein Busservice zur Verfügung, der schnell angefordert werden könne und sogleich vor Ort komme.

Menschen sei lokal und regional die Möglichkeit gegeben, Flugtaxis zu nutzen. Überschallflugzeuge könnten Reisende in sehr kurzer Zeit z. B. nach Übersee bringen.

Mehrere deutsche Großstädte seien verkehrsmäßig durch Magnetschwebebahnen verbunden. Visionäre stellen sich vor, dass es unterirdische Transportsysteme in Röhren geben wird ...

Flugtaxi im sehr hohen Flug oberhalb der Hochhäuser

Anmerkungen des Autors:
Ob die im vorherigen Text angeführten Visionen tatsächlich Realität werden, lässt sich heutzutage nicht sagen. Die Vergangenheit zeigte des Öfteren: Zielsetzungen sowie Ansprüche auf der einen Seite und spätere Wirklichkeit auf der anderen Seite klaffen oft weit auseinander.

KOHL VERLAG Entwicklungen im Verkehrswesen – Bestell-Nr. 13 085

41 Verkehr – ein Blick in die Zukunft (Blatt 2)

Aufgabe 1: *Was meinst du zum Verkehr der Zukunft, wie bewertest du ihn? Begründe deine Meinung.*

Aufgabe 2: *Nenne einige Eigenschaften, mit denen sich der zukünftige Verkehr aller Voraussicht nach vom heutigen Verkehr unterscheiden würde.*

KOHL VERLAG Entwicklungen im Verkehrswesen – Bestell-Nr. 13 085

42 Stellungnahme zu einem Zitat

Der französischen Flugzeugpilot und Schriftsteller Antoine de Saint-Exupéry lebte von 1900 bis 1944. Er stürzte während des Zweiten Weltkrieges als Pilot mit einem Flugzeug ab und kam dabei um das Leben. Von ihm stammt das Zitat:

„Die Zukunft soll man nicht voraussehen, sondern möglich machen."

Aufgabe: *Wie verstehst du diese Aussage in Bezug auf das zukünftige Verkehrswesen?*

____

____

____

____

____

____

____

____

43 Präsentation

Aufgabe: *Partnerarbeit (oder Einzelarbeit)*

Bereite dich zusammen mit einem Partner (oder auch allein) auf eine Präsentation zum Thema „Das Verkehrswesen" vor.
Notiert euch auf einem Extrablatt in Stichwörtern, was ihr sagen möchtet.
Überlegt euch u. a. auch, welche Abbildungen ihr während der Präsentation in welchem Zusammenhang einsetzen möchtet.

KOHL VERLAG Lernen mit Erfolg Entwicklungen im Verkehrswesen – Bestell-Nr. 13 085

44 Lösungen

1 Seite 5/6 - Einführung in den Themenbereich Verkehrswesen

Aufgabe 1: **a)** individuelle Lösungen
b) individuelle Lösungen, z. B. Verkehrskontrolle, Verkehrsunfall, Verkehrslärm ...
c) individuelle Lösungen

Aufgabe 2: **a)** Personen, **b)** Fortbewegung, **c)** Verkehr, **d)** Verkehrsmitteln, **e)** Verkehrswegen, **f)** Güterverkehr, **g)** öffentlichen, **h)** Fernverkehr, **i)** Erfindungen, **j)** Probleme

2 Seite 7-9 - Verkehrsmittel von A ... bis Z ...

Aufgabe: **a)**

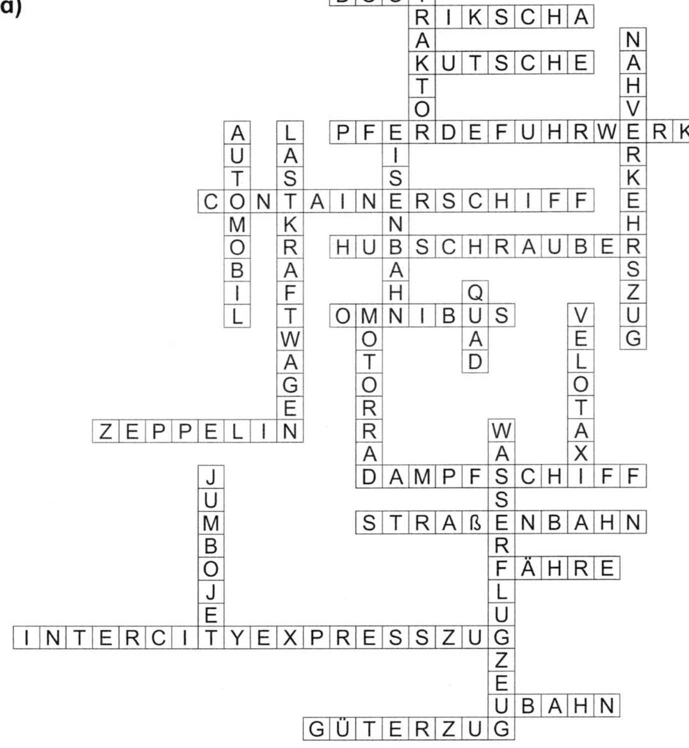

b)

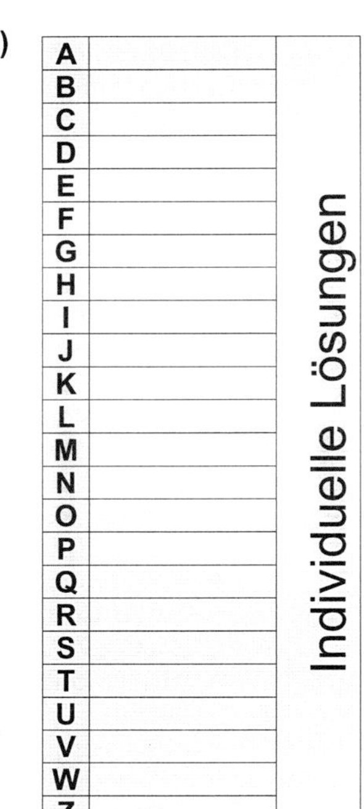

A		Individuelle Lösungen
B		
C		
D		
E		
F		
G		
H		
I		
J		
K		
L		
M		
N		
O		
P		
Q		
R		
S		
T		
U		
V		
W		
Z		

3 Seite 10 - Benutzung von Verkehrsmitteln

Aufgabe: individuelle Lösungen

4 Seite 11 - Entstehung und Entwicklung des Verkehrswesens in der Ur- und Frühgeschichte sowie im Altertum

Aufgabe: individuelle Lösungen

5 Seite 12 - Das Verkehrswesen in Mitteleuropa im Mittelalter

Aufgabe: **a)** 3, 7, 4, 6, 10, 1, 9, 2, 8, 5 → Viel Matsch

b)
1. Im Frühen Mittelalter (ca. 500-1000 n. Chr.) gab es in Mitteleuropa noch relativ wenig Verkehr.
2. Der Verkehr fand in der Regel (nur) jeweils lokal oder allenfalls regional statt.
3. Ab dem Hohen Mittelalter (ca. 1000-1250 n. Chr.) wuchs die Bevölkerung in Mitteleuropa.
4. Zur Gründung neuer Städte und Dörfer kam es, der Verkehr nahm zu.
5. (Weitere) Handels-, Heeres- sowie Pilgerstraßen entstanden und wurden genutzt.
6. Bei diesen Straßen handelte es sich aber nicht um befestigte, gepflasterte Straßen, sondern eher um Wege.
7. Alte befestigte Römerstraßen waren inzwischen meistens verfallen.
8. Manche Städte entwickelten sich im Späten Mittelalter (ca. 1250-1450/1500 n. Chr.) zu Verkehrsknotenpunkten.
9. Aus der Kaufmannshanse ging die Städtehanse hervor, sie erlebte ihre „Blütezeit“ im Späten Mittelalter.
10. Der zunehmende Handel trug dazu bei, dass sich Mitte des 14. Jahrhunderts auch in Mitteleuropa die Infektionskrankheit Pest verbreitete.

Lösungen

6 Seite 13 - Zum Verkehrswesen in der Frühen Neuzeit (ca. 1500-1800)

Aufgabe: individuelle Lösungen

7 Seite 14 - Der Beginn der Industriellen Revolution und verkehrstechnische Erfindungen

Aufgabe: **a)** England; **b)** der Brite J. Watt; **c)** technische Erfindungen; **d)** ein Raddampfschiff, das erstmals 1783 auf dem Fluss Saone verkehrte; **e)** das vom US-Amerikaner R. Fulton konstruierte Schaufelrad-Dampfschiff erstmals auf dem Hudson River; **f)** die erste Dampflokomotive, sie war aber anfällig und nicht genügend leistungsfähig; **g)** der Brite G. Stephenson; **h)** die von G. Stephenson entwickelte leistungsfähige Dampflokomotive, erstmals eingesetzt beim Transport von Kohle; **i)** baute eine „Laufmaschine“ (= Laufrad); **j)** der Vorgänger des Fahrrades.

8 Seite 15 - Schifffahrt im 19. Jahrhundert

Aufgabe: **a)** stieg; **b)** verkehrten; **c)** überquerte; **d)** gelang; **e)** dominierten; **f)** fahren; **g)** gewann; **h)** trieben; **i)** stellte; **j)** erfolgte; **k)** gebaut; **l)** entstanden.

9 Seite 16 - Schiffsverkehr seit dem Beginn des 20. Jahrhunderts

Aufgabe: individuelle Lösungen

10 Seite 17/18 - Eisenbahn im 19. Jahrhundert

Aufgabe 1:

a) im Jahr 1825 zwischen den beiden englischen Städten Stockton und Darlington
b) im Jahr 1835 zwischen den beiden Nachbarstädten Nürnberg und Fürth
c) zur Beförderung von Personen und zum Transport von Waren
d) vor gesundheitlichen Schädigungen der Menschen und Unfallgefahren
e) erheblich größere Geschwindigkeit der Eisenbahnzüge und damit weitaus schnellerer Transport

Aufgabe 2: Weltweit wurde das Eisenbahnnetz im Zeitraum 1840-1891 immer grösser. Die USA bauten in ihrem Land mit fast 275.000 km Eisenbahn (im Jahr 1891) das allergrößte Eisenbahnnetz auf. In Europa besaß Großbritannien (inklusive Irland) 1870 noch das größte Eisenbahnnetz, bevor es danach in dieser Hinsicht von Deutschland überholt wurde. Verglichen mit Amerika und Europa war das Eisenbahnnetz auf den Erdteilen Asien, Afrika und Australien erheblich kleiner, weitete sich aber auch aus …

11 Seite 19/20 - Weiteres zum Verkehrswesen im 19. Jahrhundert

Aufgabe 1:

a) Zunächst wurde das Laufrad weiterentwickelt, indem man am Vorderrad Tretkurbeln anbrachte.
b) Um schneller fahren zu können, machte man das Vorderrad größer und erfand das Hochrad, welches aber sehr sturzgefährlich war und sich nicht durchsetzen konnte.
c) 1897 hatte man dann schon weitgehend das Fahrrad in seiner heutigen Form zur Verfügung, hier sogar als Tandem (mit Verstärkungsrohr oben).

Aufgabe 2:

a) Richtige Aussagen: 2., 3., 6., 9., 10.

b)
1. Die industrielle Revolution begann <u>in England</u>.
4. <u>Große Segelschiffe</u> waren schneller als die ersten Dampfschiffe.
5. Der Suezkanal wurde im Zeitraum 1859-1869 gebaut.
7. <u>Die USA</u> bauten im Verlauf des 19. Jahrhunderts in ihrem Land das allergrößte Eisenbahnnetz der Welt auf.
8. Die erste elektrisch betriebene U-Bahn gab es ab 1890 <u>in London</u>.

12 Seite 21 - Straßenverkehr seit Anfang des 20. Jahrhunderts

Aufgabe:

- zunächst sind Fußgänger, Fahrradfahrer und nicht motorisierte Fuhrwerke eindeutig dominierend im Straßenverkehr;
- dann immer mehr motorisierte Fahrzeuge (Autos, Motorräder, Lkw, Omnibusse …);
- Regulierung des Straßenverkehrs durch Verordnungen und Gesetze;
- in Deutschland werden ab Mitte der 20er Jahre des 20. Jahrhunderts Ampeln aufgestellt;
- erste Autobahn in Deutschland 1932 eröffnet;
- seit der 2. Hälfte des 20. Jahrhunderts immer mehr Verkehr auf den Straßen, vor allem in städtischen Ballungsgebieten;
- weitere Zunahme der Anzahl der motorisierten Fahrzeuge;
- Überlastungen des Verkehrsnetzes → Verursachung von Staus;
- in Deutschland: Austragung des Personen- und Güterverkehrs überwiegend auf Straßen und Schienen statt;

KOHL VERLAG Entwicklungen im Verkehrswesen – Bestell-Nr. 13 085

Lösungen

13 Seite 22 - Schienenverkehr seit Beginn des 20. Jahrhunderts

Aufgabe:

a) Nummerierung: 11, 7, 5, 1, 8, 3, 9, 6, 2, 10, 12, 4

b)
1. Zum Schienenverkehr zählen vor allem die Eisenbahn, Stadt(schnell)bahn (= S-Bahn), U-Bahn, Straßenbahn ...
2. Mit Beginn des 20. Jahrhunderts schritt der Schienenverkehr weiter voran.
3. Das Schienenverkehrsnetz wurde erweitert und verdichtet.
4. In der 1. Hälfte des 20. Jahrhunderts zogen lange Zeit Dampflokomotiven die Eisenbahnzüge.
5. Dann aber wurden Dampflokomotiven allmählich durch Diesellokomotiven und Triebwagen abgelöst.
6. In der 2. Hälfte des 20. Jahrhunderts elektrifizierte man in den Industriestaaten zahlreiche Eisenbahnstrecken.
7. Elektrisch betriebene Eisenbahnzüge erreichten noch höhere Geschwindigkeiten.
8. Allerdings kam es u. a. bedingt durch die Konkurrenz des zunehmenden Straßenverkehrs (Autos ...) zur Stilllegung von so manchen Eisenbahnstrecken, besonders auf dem Land.
9. Dadurch verringerte sich auch in Deutschland die Gesamtlänge des Eisenbahnnetzes.
10. Dagegen wurde in, sowie in der Umgebung von großen Städten das Schienennetz der U-Bahn und Stadtschnellbahn engmaschiger u. a. aufgrund der wachsenden Einwohnerzahl vor Ort.
11. In Deutschland weist Berlin das streckenlängste U-Bahn-Netz auf, in Europa London.
12. Nach dem vorübergehenden Rückgang von Straßenbahnen in den letzten beiden Jahrzehnten des 20. Jahrhunderts nimmt in jüngster Zeit die Anzahl dieses Verkehrsmittels in zahlreichen Städten wieder zu.

14 Seite 23 - Luftfahrt

Aufgabe: individuelle Lösungen

15 Seite 24 - Zusammenfassung

Aufgabe: individuelle Lösungen wie z. B.:

Im Laufe der Zeit nahm der Verkehr allgemein zu. Vor allem ab dem 19. Jahrhundert und ganz besonders seit der 2. Hälfte des 20. Jahrhunderts steigerte sich das Verkehrsaufkommen stark. Etliche neue Verkehrsmittel wurden erfunden und eingesetzt. Die Verkehrsnetze dehnten sich weltweit aus und verdichteten sich. Auch erhöhte sich das Verkehrstempo beträchtlich. Der persönliche Umkreis (= Mobilitätsradius), in dem die einzelnen Menschen verkehrten, erweiterte sich mehr und mehr. Heutzutage besteht eine große Vielfalt im Verkehrswesen. Verkehrsnetze sind des Öfteren überlastet. Durch den Verkehr gibt es Natur- und Umweltschäden ...

16 Seite 25 - Nachrichtenverkehr

Aufgabe: **a)** Auch, **b)** Zur, **c)** Die, **d)** Um, **e)** Neue, **f)** Diese, **g)** Hinzu, **h)** Heutzutage, **i)** Per, **j)** Zugang

17 Seite 26 - Verkehrszwecke

Aufgabe 1: individuelle Lösungen

Aufgabe 2: Mit dem englischsprachigen Begriff Rush-Hour ist das hohe Verkehrsaufkommen gemeint, wenn Erwerbstätige zur Arbeit fahren und nach der Arbeit nach Hause fahren.

18 Seite 27 - Wirtschaft und Verkehr

Aufgabe: individuelle Lösungen

19 Seite 28 - Freizeitverkehr und Urlaubsverkehr

Aufgabe: individuelle Lösungen

20 Seite 29 - Nahverkehr und Fernverkehr

Aufgabe 1: individuelle Lösungen

Aufgabe 2: individuelle Antworten, sinngemäß:
Auf dem Foto sieht man, dass zwischen den am Ufer des Comer Sees liegenden Orten ein regelmäßiger Schiffsverkehr stattfindet. Aufgrund der geschätzten Entfernungen laut Karte handelt es sich dabei um Nahverkehr, eine eher seltene Ausnahme des Schiffsverkehrs.

KOHL VERLAG Entwicklungen im Verkehrswesen – Bestell-Nr. 13 085

Lösungen

22 Seite 31 - Das Autobahnnetz der Bundesrepublik Deutschland

Aufgabe 1: In der Bundesrepublik Deutschland existiert ein umfangreiches Autobahnnetz. Die einen Autobahnen verlaufen überwiegend in Nord-Süd-Richtung, andere überwiegend in West-Ost-Richtung. Alle deutschen Großstädte sind direkt durch Autobahnen verbunden. Am dichtesten ist das Autobahnnetz in Nordrhein-Westfalen (= bevölkerungsreichstes Bundesland der BRD). Im Westen Deutschlands besteht ein engmaschigeres Autobahnnetz als im Osten des Landes ...

Aufgabe 2: individuelle Lösungen

23 Seite 32 - Verkehrsnetze

Aufgabe: individuelle Lösungen

24 Seite 33-35 - Vor- und Nachteile von verschied. Arten der Fortbewegung im Verkehr

Aufgabe 1: **a)** Fortbewegung zu Fuß oder mit dem Fahrrad:

Vorteile	Nachteile
• Möglichkeiten, sich sportlich zu betätigen; • wenn überhaupt, nur geringe Kosten; • individuelles Tempo, kann selbst bestimmt werden; • Abstellmöglichkeiten vorhanden; • natur- und umweltfreundlich;	• erfordert körperliche Anstrengungen; • abhängig vom Wetter; • längere Zeit unterwegs (als mit anderen Verkehrsmitteln); • geringere Transportkapazität; • weniger bequem;

b) individuelle Lösungen

Aufgabe 2: **a)** Fortbewegung mit dem Auto:

Vorteile	Nachteile
• ist bequem; • weitgehend unabhängig vom Wetter; • schnellere Fortbewegung; • flexibel einsetzbar; • größere Transportkapazität;	• hohe Kosten; • Autolärm; • fehlende Parkmöglichkeiten, Parkgebühren; • Verkehrsdichte (Staugefahr); • natur- und umweltschädlich;

b) individuelle Lösungen

Aufgabe 3: **a)** individuelle Lösungen
b) individuelle Lösungen

25 Seite 36 - Straßenverkehrsordnung

Aufgabe: **a)** individuelle Lösungen

26 Seite 37 - Verkehrskontrollen der Polizei in Hamburg

Aufgabe: individuelle Lösungen

27 Seite 38/39 - Ahndung von Vergehen im Straßenverkehr

Aufgabe: **a)** Ordnungswidrigkeiten; **b)** StVO; **c)** geringfügiger Verstoß im Straßenverkehr;
d) Bußgeld und eventuellem vorübergehenden Entzug der Fahrerlaubnis;
e) schwerere Ordnungswidrigkeit; **f)** Strafgesetzbuch (StGB); **g)** Verkehrsdelikte;
h) Gerichte; **i)** Freiheitsstrafen oder Geldstrafen; **j)** Straftaten.

28 Seite 40 - Verkehr und Unfälle

Aufgabe: individuelle Lösungen

44 Lösungen

29 Seite 41 - Verkehrsdichte

Aufgabe: individuelle Lösungen

30 Seite 42 - Wir zählen und beobachten den Straßenverkehr vor Ort

Aufgabe: individuelle Lösungen

31 Seite 43 - So verhalte ich mich im Verkehr

Aufgabe: individuelle Lösungen

32 Seite 43 - Verkehrsberuhigung

Aufgabe: z. B.

- Lärmschutzwälle;
- Anliegerstraßen;
- Einbahnstraßen;
- Durchfahrverbote z. B. für Lastkraftwagen;
- Tempobeschränkungen;
- Fahrbahnverengungen;
- Blumenkübel auf den Straßen;
- Verbreiterung der Fuß- bzw. Fahrradwege;
- Fahrbahnschwellen;
- Bau von Umgebungsstraßen;
- ...

33 Seite 44 - 10 Überschriften aus verschiedenen Zeitungen

Aufgabe: individuelle Lösungen

34 Seite 45/46 - Klimawandel und Verkehr

Aufgabe 1: individuelle Lösungen

Aufgabe 2: individuelle Lösungen

35 Seite 47/48 - Lernerfolgskontrolle

Aufgabe:

1. Beförderung und Transport von Personen, Gütern, Energie sowie Nachrichten
2. Straßen, Schienenstrecken, Flüsse, Kanäle, Pipelines
3. Öffentlicher Verkehr
4. Boote, Segelschiffe, Fuhrwerke
5. Dampfschiff, Dampflokomotive, Fahrrad, Auto
6. E-Auto, Düsenflugzeug, Hubschrauber, Magnetschwebebahn, Luftkissenboot
7. Berufsverkehr, Schule- und Ausbildungsverkehr, Dienstreise- und Geschäftsverkehr, Einkaufs- und Besorgungsverkehr, Freizeitverkehr, Urlaubsverkehr, Güterverkehr
8. hohes Verkehrsaufkommen, wenn Erwerbstätige zur Arbeit fahren und nach der Arbeit wieder nach Hause fahren
9. Verkehr, der mit dem Transport von Gütern, dem Anbieten und Erfüllen von Dienstleistungen sowie geschäftlichen Reisen zu tun hat
10. *Nahverkehr* = Straßen und Schienenverkehr mit einer Entfernung von bis zu 50 km und bis zu einer Fahrzeit von 1 Stunde;
    Fernverkehr = Verkehr, der darüber hinaus erfolgt
11. *Verkehrsnetz* = Verkehrsverbindungen (= Verkehrslinien), die ein Gebiet erschließen;
    Verkehrsknotenpunkt = Orte oder Stellen, wo viele Verkehrslinien zusammentreffen und weiterverlaufen
12. im Bundesland Nordrhein-Westfalen
13. *Vorteile*: klimafreundlich, geringe Kosten;
    Nachteile: Abhängigkeit vom Wetter, geringere Transportmöglichkeiten
14. „Die Teilnahme am Straßenverkehr erfordert ständige Vorsicht und Rücksicht. Wer am Verkehr teilnimmt, hat sich so zu verhalten, dass kein anderer geschädigt, gefährdet oder, mehr als nach den Umständen unvermeidbar, behindert oder belästigt wird."
15. Überschreiten der vorgegebenen Höchstgeschwindigkeit; Missachten der rot anzeigenden Ampel; Alkoholeinfluß; Fahren ohne Führerschein
16. Verwarnungsgeld, Bußgeld, (vorübergehender) Entzug der Fahrerlaubnis, Geldstrafe, Freiheitsstrafe

Lösungen

35

Seite 47/48 - Lernerfolgskontrolle

Aufgabe:
17. bei Autos
18. Anzahl der Fahrzeuge je Kilometer
19. Lärmschutzwälle, Fahrbahnverengungen, Tempobeschränkungen, Bau von Umgehungsstraßen
20. Der derzeitige Verkehr wirkt sich schädlich auf das Klima aus, trägt zum Klimawandel bei.

36

Seite 49/50 - Verkehrswende

Aufgabe: individuelle Lösungen

37

Seite 51 - Autos

Aufgabe: individuelle Lösungen

38

Seite 52 - Autos – ein zentrales Verkehrsproblem

Aufgabe: individuelle Lösungen

39

Seite 53 - Fahrräder- und Fußgängerverkehr in der Verkehrswende

Aufgabe: **a)** Verkehrswende; **b)** Klimawandel; **c)** Förderung; **d)** Vorhaben; **e)** Fahrradparkhäuser; **f)** Lastenfahrräder; **g)** Arten; **h)** Verkehrsmittel; **i)** Fußgängerzonen; **j)** Grün-Phasen; **k)** Autoverkehr; **l)** Fuß; **m)** Bequemlichkeit;

40

Seite 54 - Öffentlicher Personenverkehr in der Verkehrswende

Aufgabe: individuelle Lösungen

41

Seite 55/56 - Verkehr – ein Blick in die Zukunft

Aufgabe 1: individuelle Lösungen

Aufgabe 2:
- pünktlich;
- umweltschonend;
- keine Lärmbelästigung;
- bei langen Reisen: Das Reisen ist so angenehm, dass man sehr weitgehend dabei seinen gewohnten Tätigkeiten nachgehen kann → Reisezeit ist Lebenszeit;
- bei kurzen Reisen: extrem kurze Reisezeiten, die kaum ins Gewicht fallen

42

Seite 57 - Stellungnahme zu einem Zitat

Aufgabe: individuelle Lösungen

43

Seite 57 - Präsentation

Aufgabe: individuelle Lösungen

Klasse 5 6 7 8 9 10 11-13

Gesellschaftswissenschaften

Friedhelm Heitmann

Deutsche Geschichte von 1648 bis 1806

Der Band umspannt die Entwicklung des „Heiligen Römischen Reichs Deutscher Nation" nach dem 30-jährigen Krieg mit seiner kulturellen Blüte besonders im 18. Jh. bis zu Ursachen seines Niederganges – wie z.B. die Auswirkungen der Französischen Revolution. Weitere Leitlinien sind das Verhältnis seiner zwei größten Staaten Österreich und Preußen sowie die krassen Gegensätze im Reich zwischen den Lebensweisen der Herrschenden und ihrer Untertanen.

80 Seiten	12 447	ab 15,99 €

8 | 9 | 10 | 11-13

Friedhelm Heitmann

Die Deutsche Revolution 1848/49

Meist denkt man nur an die Französische Revolution von 1789, doch im Gebiet des Deutschen Bundes kam erst 1848/1849 die Zeit der Revolutionen. Schwerpunktmäßig geht es hier um Ursachen, Auslöser und Zielsetzungen der so bezeichneten „Deutschen Revolution", aber auch angrenzende Länder wie Polen, Ungarn und Italien werden angesprochen. Über den Verlauf hinaus sollen die Schüler auch zu einer Beurteilung von den Auswirkungen gelangen.

56 Seiten	12 541	ab 13,49 €

8 | 9 | 10 | 11-13

Friedhelm Heitmann

Das Zeitalter Bismarcks

Der Band befasst sich intensiv mit dem Zeitalter Bismarcks, 1862 - 1890, ohne dabei Bismarck im Sinne „Männer machen Geschichte" überbewerten zu wollen. Zielsetzung des Bandes sind die Vermittlung und Festigung wesentlicher Kenntnisse und Erkenntnisse zur politischen Entwicklung in Deutschland. Eine intensive Auseinandersetzung mit dem Ziel einer eigenen Meinungsbildung über die Bedeutung der bismarckschen Epoche ist ein wesentlicher Aspekt zum 200-jährigen Geburtstag Bismarcks.

64 Seiten	11 846	ab 13,49 €

7 | 8 | 9 | 10 | 11-13

Thomas Koch

Rätsel Geschichte

Vom Mittelalter bis zum Ende des Kaiserreiches

Die Rätsel zu den einzelnen Epochen bieten Wiederholung, Festigung und Übung, sie sind aber auch zur Differenzierung geeignet. Jeder Rätselaufgabe geht ein Infoteil vorweg und kann daher auch von fachfremd Unterrichtenden bestens eingesetzt werden. Schlüsselbegriffe und ausführliche Lösungen runden den Inhalt ab. Ein Zeitstrahl gibt jedem Thema die passende Zuordnung in der Geschichte.

72 Seiten	12 214	ab 15,99 €

FÖ | INK | PDF plus

5 | 6 | 7 | 8 | 9

Elisabeth Höhn

Rätselbuch Kelten, Germanen & Wikinger

Bei bekannten Kindergeschichten rund um Germanen, Kelten oder Wikinger stellt sich immer die Frage: Wie viel Wahrheit steckt in ihnen? Hatten die Gallier wirklich Sänger mit kleinen Harfen, die sich für etwas Besonderes hielten? Waren die Germanen so wild und furchterregend anzuschauen, wie es ihre römischen Kriegsgegner uns überlieferten? Und warum hatten die Wikinger den Ruf, dass sie so ein gefährliches Volk seien? Ja, waren sie überhaupt ein Volk? Eine „rätselhafte" Reise durch dreitausend Jahre europäischer Geschichte.

108 Seiten	12 956	ab 20,49 €

5 | 6 | 7 | 8 | 9 | 10

Elisabeth Höhn

Rätselbuch Steinzeit

Die Schüler lernen mit diesem Arbeitsheft Wissen über steinzeitliche Techniken wie Feuermachen, Steinbearbeitung, Zubereitung des Essens nach Steinzeitsitte und Schmuckherstellung. Auch Bogenbau und Herstellen von Pfeilspitzen aus Knochen geben Einblick in das Leben unserer frühen Vorfahren. Das Buch zeigt, wie die Menschen in der Steinzeit wohnten, wie sie jagten, wovon sie lebten und mit welchem Geschick und mit welcher Kunstfertigkeit sie ihr Leben gestalteten. Spannende Arbeitsblätter für zwischendurch!

92 Seiten	12 957	ab 17,49 €

5 | 6 | 7 | 8 | 9 | 10

Hans-Peter Pauly

Kreuzworträtsel GESCHICHTE

Prüfung & Festigung des Allgemeinwissens

Prüfung und Festigung des Allgemeinwissens mit Kreuzworträtseln. Ob Regelunterricht, Projektarbeit, Vertretungsstunde – einfache bis knifflige Fragen zu verschiedensten Bereichen aus dem Lehrplan.

48 S.	Altertum	11 244	ab 13,49 €
48 S.	Mittelalter	11 245	ab 11,99 €
48 S.	Neuzeit	11 246	ab 13,49 €
64 S.	Neueste Zeit	11 247	ab 13,49 €

5 | 6 | 7 | 8 | 9 | 10

Friedhelm Heitmann

Deutsche Geschichte im 19. Jahrhundert

Inhalt: Deutschland in der 1. Hälfte des 19. Jhdts.: Befreiungskriege; Da Lied der Deutschen; Beginn der Industrialisierung; Die soziale Frage; Kinde arbeit; Die deutsche Revolution; Vom Deutschen Bund zum Deutschen Reich; Innen- & Außenpolitik; Bismarck; Gliederung der Gesellschaft; Die Rolle der Frau u.v.m.

84 Seiten	11 363	ab 17,49 €

Friedhelm Heitmann

Deutsche Geschichte von 1900 bis 1933

Inhalt: Kolonien; Kaiserzeit; Der Erste Weltkrieg; Auf dem Weg zur Weimarer Republik; Die politische Entwicklung in Deutschland; Gegner de Weimarer Republik; Niedergang der Weimarer Republik u.v.m.

80 Seiten	12 242	ab 16,49 €

Friedhelm Heitmann

Deutsche Geschichte von 1933 bis 1945

Der Band setzt sich mit dem (wohl) dunkelsten, schrecklichsten Zeitabschn der deutschen Geschichte auseinander. Gemeint ist die Terror- und Mordher schaft der Nationalsozialisten. In der ersten Hälfte befasst sich der Band m der Entwicklung im Zeitraum 1933-1939, in der zweiten Hälfte mit dem Zweiten Weltkrieg (1939-1945).

88 Seiten	12 339	ab 18,49 €

Friedhelm Heitmann

Deutsche Geschichte von 1945 bis heute

Die Ereignisse der jüngeren Geschichte Deutschlands seit dem Jahr 194 werden erarbeitet. Neben geschichtlichen Kenntnissen wird dabei auc wichtiges Allgemeinwissen erweitert und zur kritischen Auseinandersetzur mit aktuellen Entwicklungen angeregt. Darüber hinaus enthält das Werk mehrere vorbereitete Lernzielkontrollen.

80 Seiten	12 173	ab 16,49 €

Friedhelm Heitmann

Nationalsozialismus

Die Geschichte einer Katastrophe

Der Band zeigt die Menschenverachtung der damaligen Diktatur. Gleichzeit werden die Privilegien der in einer Demokratie lebenden Menschen aufge zeigt, damit diese zu schätzen gelernt werden. Der Nationalsozialismus hatte teilweise eine viel größere Dimension erreicht, als sich die Schüler heute das vorstellen können.

72 Seiten	11 317	ab 15,99 €

Wolfgang Wertenbroch

Die Schrift im Alten Ägypten

Hieroglyphen, Pyramiden, Schreiber & Grabräuber

Die Schüler lernen, handelnd in die Kultur der Alten Ägypter einzutau chen, sie nachzuvollziehen und zu erleben – indem sie die Schrift der H eroglyphen lesen und schreiben. Hierbei wird jede Menge Freude durc Lernerfolg freigesetzt.

48 Seiten	11 198	ab 13,49 €

Sabrina Hinrichs

Mumien & Hieroglyphen

Ägyptische Geschichte in Rätseln

Pyramiden, Sphinxe, Sarkophage und Mumien ... wer ist nicht von de Welt der alten Ägypter fasziniert? Diese Faszination wird hier aufgegri fen und als Motor für die Bearbeitung dieser Rätsel genutzt. Informativ Wissenstexte wechseln sich mit altersgerechten Rätseln ab. Die ägyp tische Geschichte wird altersgerecht erklärt und mit Rätselspaß komb niert vermittelt.

48 Seiten	12 782	ab 13,49 €

Sabrina Hinrichs

Ritter & Burgen

Das Mittelalter in Rätseln

Mittelaltermärkte, Ritter und Burgen faszinieren Kinder. Diese span nenden Themen werden aufgegriffen und mit altersgerechten Rätsel kombiniert. Wie lebten die Menschen im Mittelalter? Wie sah ein mittelalterliche Stadt aus? Wo und warum wurden Burgen gebaut Wann und wie wurde jemand zum Ritter geschlagen? Eine spannend Zeitreise beantwortet diese Fragen und nimmt die Schüler mit in ein vergangene Zeit: das Mittelalter.

64 Seiten	12 967	ab 14,99 €